KB065650

돈의 흐름을 포착하라

남보다 먼저 시작하는 경제공부

돈의 흐름을
포착하라

백미르 지음

다온길

머리말

　경제가 뭐지? 주식, 증권, 주가 다 같은 말 아닌가? 금리와 환율 등 알면서도 헷갈리는 내용에 대해 경제초보자들이 알기 쉽게 설명하겠습니다. 경제라는 주제는 어렵고 복잡하게 느껴질 수 있지만, 실제로는 우리 일상생활과 밀접하게 연관되어 있습니다. 이 책은 경제를 쉽게 이해하고, 더 나은 결정을 내리는 데 도움을 주기 위해 만들어졌습니다.

　경제는 우리의 삶과 금전적 상황에 큰 영향을 미치는 요소 중 하나입니다. 하지만 경제 이해도가 낮을수록 불안한 금전적 결정을 내리게 되고, 미래에 대한 계획을 세우는 데 어려움을 겪을 수 있습니다. 경제에 대한 지식을 쌓으면, 더 나은 금전적 선택을 할 수 있을 뿐 아니라 정부 정책, 금융 시장, 기업의 동향을 더 잘 이해할 수 있게 됩니다.

　이 책은 경제에 대해 전혀 배경 지식이 없는 분들을 대상으로 합니다. 경제학 전문가가 아닌, 일반인들이 더 나은 경제적 결정을 내리고 경제 현상을 더 잘 이해하기 위한 도구로 사용할 수 있습니다. 이 책을 통해 얻게 될 지식과 개념은 현실 세계에서 실질적으로 활용 가능하며, 여러분의 일상생활과 금전적 상황에 큰 도움이 될 것입니다.

여러분은 이 책을 통해 다음과 같은 것들을 얻을 수 있을 것입니다.

· 자신의 재정 건강을 관리하는 능력 : 금융 상황을 분석하고 개선하는 방법을 배우며, 미래를 위한 금전적 계획을 세울 수 있게 됩니다.

· 경제 이슈에 대한 이해 : 세계 경제와 금융 시장의 움직임을 이해하며, 금융 뉴스와 이슈에 대한 통찰력을 키울 수 있습니다.

· 비즈니스 및 투자 결정에 도움 : 기업의 경영 이해와 투자 전략을 통해 금전적 목표를 달성하는 데 도움이 됩니다.

여러분은 경제와 금융에 대한 기초적인 이해를 얻게 될 것입니다. 경제 현상이 어떻게 발생하는지, 정부와 기업이 어떤 역할을 하는지, 금융 시장의 동향은 무엇인지를 더 잘 파악할 수 있게 됩니다. 이로써 여러분은 미래를 계획하고 금전적인 목표를 달성하는데 필요한 도구와 지식을 갖추게 될 것입니다.

백미르

3장 쉽게 읽는 경제

1장

나만의 경제공부 시작하기

경제를 알아야 하는 이유

경제는 삶의 거의 모든 측면에 큰 영향을 미치기 때문에 일반인들도 경제에 대해 알아야 합니다.

경제는 우리의 일상생활에 직접적인 영향을 미칩니다. 우리가 살고 있는 사회는 시장경제 체제로 구성되어 있으며, 경제적 활동은 우리의 일상에서 중요한 역할을 합니다. 소비, 저축, 투자 등 경제적 결정은 우리의 재무 상태와 미래를 좌우합니다.

경제 지식은 개인 재무 관리와 금전적 안정을 위해 필요합니다. 경제 원칙과 개념을 이해하면 소득 분배, 예산 관리, 부채 관리 등에 대한 더 나은 판단을 할 수 있습니다. 또한 효율적인 저축 및 투자 전략을 구축하여 금전적 목표를 달성할 수 있습니다.

경제 지식은 직장과 취업에도 영향을 줍니다. 기업들이 어떻게 운영되고 고용 창출이 이루어지는지 이해하면 자신의 직업 선택과 협상력 향상에 도움이 됩니다. 또한 시장 동향과 경기 변동성을 파악하여 취업 기회와 급여 조건을 예측할 수 있습니다.

사회 및 정치 문제는 경제 요소와 연관되어 있습니다. 세금 정책, 사회 복지 프로그램 등은 경제 상황과 연관된 의사결정으로 이루어집니다. 따라서 사회 현상과 정치 문제를 이해하기 위해서도 경제 지식이 필요합니다.

개인이 속한 국가나 지역의 경기상황은 일상생활에 직접적인 영향을 미칩니다. 인플레이션율$^{\text{inflation rate}}$, 금리 변동 등의 경기 지표를 파악하고 그 영향력을 평가할 수 있는 능력은 개인 및 가계의 재무 상태와 안정성에 중요한 역할을 합니다.

경제학에 대한 기본적인 이해는 아래에 자세히 설명된 바와 같이 여러 가지 이유로 중요합니다.

1) 개인 금융

경제학은 개인이 돈을 효과적으로 관리하는 데 도움이 됩니다. 이는 예산을 편성하고, 미래를 위해 저축하고, 현명하게 투자하고, 차용 및 부채에 대해 정보에 따라 결정을 내릴 수 있는 지식과 도구를 제공합니다. 이러한 이해가 없으면 사람들은 재정적 불안정과 불안에 시달릴 수 있습니다.

2) 소비자 선택

경제 원칙은 일상적인 구매 결정에 영향을 미칩니다. 수요와 공급, 가격 전략, 시장 경쟁에 대해 알면 소비자는 정보에 입각한 선택을 하고, 돈 대비 더 나은 가치를 얻고, 잠재적인 사기나 함정을 피할 수 있습니다.

3) 경력 및 소득

경제학은 진로 결정에 있어 중추적인 역할을 합니다. 노동 시장, 임금, 취업 기회를 이해하면 개인이 정보를 바탕으로 직업을 선택하고 더 나은 급여를 협상하는 데 도움이 됩니다. 경제 지식은 더 보람 있고 재정적으로 안전한 직업으로 이어질 수 있습니다.

4) 인플레이션 및 구매력

상품과 서비스의 일반적인 가격 수준의 증가인 인플레이션은 화폐 구매력을 약화시킵니다. 대중은 시간이 지남에 따라 상품과 서비스를 구매하는 능력에 인플레이션이 미치는 영향을 이해하고, 가격 인상을 계획하고, 이에 따라 재무 전략을 조정해야 합니다.

5) 이자율 및 대출

중앙은행이 정한 이자율은 주택담보대출, 자동차 대출, 신용카드 대출 비용에 영향을 미칩니다. 경제 개념을 이해하면 개인이 대출에 대해 정보에 따라 결정을 내리고, 이자율을 비교하고, 부채를 효과적으로 관리하는 데 도움이 됩니다.

6) 정부 정책

조세, 복지 프로그램, 통화 정책과 같은 경제 정책은 시민에게 직접적인 영향을 미칩니다. 이러한 정책과 그 의미를 인식하는 것은 개인이 정보에 기초한 토론에 참여하고, 선거에 참여하고, 자신의 가치와 이익에 부합하는 정책을 옹호하는 데 도움이 됩니다.

7) 투자

많은 사람들이 저축한 돈을 주식, 채권, 부동산 또는 퇴직금 계좌에 투자합니다. 경제 지표, 시장 동향, 투자 전략을 이해하는 것은 시간이 지남에 따라 부를 구축하고 유지하는 데 필수적입니다.

8) 경제적 위험 및 위기

경제 침체, 경기 침체 및 금융 위기는 개인과 지역 사회에 심각한 결과를 초래할 수 있습니다. 경제 기본에 대한 지식은 사람들이 경제적 충격에 대비하고 자산을 보호하며 어려운 시기를 헤쳐나가는 데 도움이 될 수 있습니다.

9) 글로벌 상호 연결성

오늘날의 세계화된 세계에서 한 지역의 경제적 사건은 광범위한 영향을 미칠 수 있습니다. 국제 관계, 취업 기회 및 투자 결정을 이해하려면 국제 무역, 환율 및 글로벌 경제 역학을 이해하는 것이 필수적입니다.

10) 삶의 질

궁극적으로 경제학은 전반적인 삶의 질에 지대한 영향을 미칩니다. 경제가 제대로 작동하면 생활수준이 높아지고, 의료 서비스가 향상되고, 교육이 향상되고, 빈곤이 감소할 수 있습니다. 반면, 경제적 관리가 잘못되면 경제적 불안정과 사회적 불안이 발생할 수 있습니다.

경제는 국민의 재정적 안녕, 직업 선택, 전반적인 삶의 질에 직접적인 영향을 미치기 때문에 일반 대중도 경제에 대해 알아야 합니다. 경제학에 대한 확고한 이해는 개인이 정보에 입각한 결정을 내리고, 자신의 이익을 옹호하며, 자신이 살고 있는 복잡한 경제 환경을 탐색할 수 있는 능력을 부여합니다. 단순한 학문적 주제가 아닌 일상생활의 실용적인 도구입니다.

경제학의 발전

경제학은 수세기에 걸쳐 발전해 온 학문 분야로, 한 개인이나 한 순간에 만들어졌다고 볼 수 없습니다. 대신 다양한 역사적 시대와 지역의 많은 사상가, 학자, 경제학자들의 공헌에 의해 형성되었습니다. 다음은 경제학의 발전과 주요 구성 요소에 대한 자세한 내용입니다.

초기 경제 사상

그리스, 로마, 중국 등 고대 문명에서는 무역, 농업, 세금에 초점을 맞춘 초기 경제 사상이 있었습니다.

아리스토텔레스와 크세노폰과 같은 유명한 그리스 철학자들은 경제 문제에 대한 글을 쓰면서 경제 문제에서 윤리와 정의의 중요성을 강조했습니다.

중세 및 중상주의 경제학

중세 유럽에서는 경제 사상이 도덕적, 종교적 가르침과 얽혀 있는 경우가 많았습니다. 예를 들어 스페인의 살라망카 학파는 경제 윤리를 논의했습니다.

16세기와 17세기에는 중상주의 학파가 등장했습니다. 중상주의자들은 유리한 무역 균형, 수출 촉진, 정부의 경제 개입을 통해 부를 축적할 수 있다고 믿었습니다.

고전 경제학

18세기 말과 19세기 초에는 아담 스미스, 데이비드 리카르, 존 스튜어트 밀과 같은 영향력 있는 인물을 중심으로 고전 경제학이 부상했습니다.

애담 스미스[Adam Smith]의 『국부론(The Wealth of Nations)』(1776년)은 경제학의 기초 저작으로 간주됩니다. 이 책은 이기심, 경쟁, 경제 행동을 이끄는 '보이지 않는 손'의 역할을 강조했습니다.

데이비드 리카도[David Ricardo]는 국제 무역의 이점을 설명하는 비교 우위 이론에 기여했습니다.

고전 경제학은 자율 규제 시장, 최소한의 정부 개입, 자유 시장과 개인의 자유의 중요성을 강조했습니다.

마르크스 경제학

칼 마르크스와 프리드리히 엥겔스는 19세기 중반에 마르크스 경제학을 발전시켰습니다. 이들은 계급투쟁, 착취, 사회주의로의 전환의 필요성을 강조하며 자본주의를 비판했습니다.

칼 마르크스의 『자본론』(1867년 초판 발행)은 자본주의 경제학에 대한 포괄적인 분석을 제공했습니다.

신고전주의 경제학

19세기 후반, 고전 경제학에 대한 대응으로 신고전주의 경제학이 등장했습니다. 주요 인물로는 알프레드 마샬[Alfred Marshall]과 레옹 발라[Leon Walras] 등이 있습니다.

신고전주의 경제학은 효용, 한계 분석, 수요와 공급 프레임워크의 개념을 도입했습니다. 수학적 엄밀성과 균형 분석을 강조했습니다.

케인즈 경제학

존 메이너드 케인스[John Maynard Keynes]의 『고용, 이자 및 화폐에 관한 일반이론』 (1936년)은 대공황 기간 동안 경제 사상에 혁명을 일으켰습니다.

케인즈 경제학은 특히 재정 및 통화 정책을 통해 경제를 안정시키는 데 있어 정부 개입의 역할을 강조했습니다.

총수요 개념, 승수 효과, 정부가 경기 변동을 적극적으로 관리할 수 있다는 아이디어를 도입했습니다.

현대 경제학

현대 경제학은 행동 경제학, 개발 경제학, 환경 경제학 등 다양한 하위 분야와 접근 방식을 통합합니다.

밀턴 프리드먼[Milton Friedman], 아마르티아 센[Amartya Sen], 조지프 스티글리츠[Joseph Stiglitz]와 같은 노벨 경제학상 수상자들은 현대 경제학에 큰 공헌을 했습니다.

경제 연구는 복잡한 글로벌 과제를 해결하기 위해 경험적 데이터, 고급 수학적 모델, 학제 간 접근 방식에 의존하는 경우가 많습니다.

경제학은 오랜 시간 동안 많은 사상가들의 공헌에 의해 형성된 역동적인 분야입니다. 경제학은 미시경제학(개인과 기업의 행동), 거시경제학(경제 전체에 대한 연구), 현대 경제 문제를 다루는 다양한 전문 분야를 포함한 광범위한 주제를 포괄합니다. 경제학은 사회의 자원 배분, 생산, 소비, 부의 분배를 이해하고 분석하기 위해 끊임없이 진화하는 학문입니다.

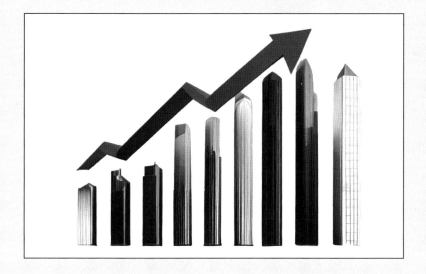

02

공급과 수요

시장에서 가격과 수량은 공급과 수요의 상호작용에 의해 결정됩니다. 이러한 공급과 수요의 원리를 이해하는 것은 경제의 핵심적인 측면 중 하나입니다. 공급은 상품이나 서비스의 제공량을 나타내며, 수요는 소비자들이 그 상품이나 서비스에 갖는 욕구나 필요성을 나타냅니다.

공급과 수요의 균형은 시장 가격을 결정하는 중요한 역할을 합니다. 공급이 수요보다 많을 때, 상품의 가격은 하락하게 되며 입수 가능성이 높아집니다. 한편, 수요가 공급보다 많을 때는 가격이 상승하게 되며 상품의 입수가 어려워질 수 있습니다.

이러한 공급과 수요의 상호작용은 경제 활동에 큰 영향을 미치며, 생산자와 소비자 간의 관계를 형성합니다. 예를 들어, 수요가 증가할 때 생산자는 더 많은 상품을 공급하려고 할 것이며, 이로 인해 경제 활동이 활발해지고 고용 기회가 늘어날 수 있습니다.

또한, 시장에서 가격 변동은 소비자들의 선택에도 영향을 미칩니다. 높은 가격에도 불구하고 수요가 많은 상품은 해당 상품에 대한 수요가 강력한 증거이며, 이는 생산자들에게는 해당 상품을 더 많이 생산하도록 유도할 수 있습니다.

공급과 수요의 균형을 이해하는 것은 경제 활동과 소비자들의 선택에 대한 통찰력을 키우는 데 중요한 역할을 합니다. 이를 통해 우리는 시장에서의 가격 형성과 상품의 입수 가능성을 이해하며 경제적인 결정을 내릴 수 있게 됩니다.

〈공급과 수요〉

구분	공급(Supply)	수요(Demand)
정의	시장에서 판매 가능한 상품 또는 서비스의 생산 및 제공 가능한 양	시장에서 소비자들이 구입하려고 하는 상품 또는 서비스의 양
영향 요소	생산 비용, 기술 혁신, 원재료 가격 등 제조업체와 공급자들의 판단에 따라 변동할 수 있음	소득 수준, 가격 변동, 소비자 취향 등 소비자들의 판단에 따라 변동할 수 있음
관계	가격이 증가하면 공급량도 증가함 (양적 공급증가) 가격이 감소하면 공급량도 감소함 (양적 공급감소) 가격이 증가하면 생산 비용 대비 이익이 커져서 기업들이 더 많은 생산을 유도받음 (양적 공급증가) 가격변동에 따른 회사 이익 최대화를 위해 기업들은 생산량 조절 결정함.	가격이 증가하면 수요량 감소함 (양적 수요감소) 가격이 감소하면 수요량 증가함 (양적 수요증가) 소득수준 상승시 일반적으로 모든 상품에 대한 궁극수명곡선은 오른쪽 위로 이동(양적수요증가), 반대로 하락시 왼쪽 아래로 이동(양적수요강소). 궁극수명곡선 : 같은 만족도를 주는 모든 섭취저항조항 직선
균형	시장에서 공급과 수요의 균형점인 시장 평형 지점에서 발생됨. 해당 지점에서 시장에서 거래되는 양과 거래되는 가격이 정해짐	시장 평형 지점에서 발생됨. 해당 지점에서 시장에서 거래되는 양과 거래되는 가격이 정해짐

균형과 가격 결정

시장 평형과 가격 형성을 쉽게 이해할 수 있는 용어로 설명하자면,

상품을 사고 팔 때 시장에서 어떻게 가격이 결정되는지 생각해봅시다. 시장은 수요와 공급의 상호작용에 의해 움직입니다. 수요는 사람들이 얼마나 많은 양의 상품을 원하는지를 의미하며, 공급은 시장에 얼마나 많은 양의 상품이 제공되는지를 나타냅니다.

평형은 수요와 공급이 서로 균형을 이룰 때 나타나는 상태입니다. 이것은 시장에서 구매하고 판매하는 사람들의 수요와 공급이 일치할 때 발생합니다. 평형 상태에서는 사람들이 원하는 만큼의 상품이 공급되고, 공급자들은 적절한 가격으로 상품을 판매할 수 있게 됩니다.

이를 더 간단하게 예로 들어보겠습니다. 생각해보세요, 만약 시장에서 어떤 상품에 대한 수요가 많아지면 (예 : 새로운 게임 콘솔), 생산자들은 그 상품을 더 많이 만들려고 할 것이고 이로 인해 시장에는 그 상품이 많이 공급되면서 가격은 상대적으로 안정될 것입니다. 그 반대로, 수요가 줄어들면 (예 : 예전 모델의 스마트폰), 생산자들은 생산량을 줄일 수 있으며, 결과적으로 가격도 더 낮아질 것입니다.

시장 평형은 수요와 공급이 균형을 이룰 때의 상태를 의미하며, 이때의 가격은 공정하고 안정적인 수준으로 형성됩니다. 이것은 시장 경제에서 가격 결정의 핵심 원리 중 하나이며, 우리 모두의 일상적인 구매와 판매 결정에 영향을 미치는 중요한 개념입니다.

기회 비용

우리의 일상에서는 수많은 선택을 하게 됩니다. 그리고 선택을 할 때마다 우리는 어떤 것을 선택하느냐에 따라 다른 것을 포기하게 됩니다. 이때, 포기한 것의 가치를 생각하면서 선택한 것의 가치를 고려하는 개념이 바로 "기회비용"입니다.

기회비용의 개념은 희소성이라는 근본적인 경제 문제에서 비롯됩니다. 자원(시간, 돈, 노동력, 천연자원)은 한정되어 있는 반면, 인간의 욕구와 필요는 사실상 무한합니다. 이러한 희소성 때문에 개인, 기업, 사회는 제한된 자원을 어떻게 배분할 것인지에 대한 선택을 해야 합니다.

기회비용에는 명시적 비용과 암묵적 비용이 모두 포함됩니다. 명시적 비용은 제품 구매 가격과 같이 결정을 내릴 때 발생하는 직접적인 본인 부담 비용입니다. 암묵적 비용은 선택과 관련된 간접적이고 금전적이지 않은 비용으로, 포기한 대안의 가치와 관련이 있습니다. 예를 들어, 한 활동에 소요된 시간을 다른 활동에 사용할 수 있었다면 그 시간에는 암묵적 비용이 발생합니다.

기회비용을 이해하기 위해 더 자세히 들여다보겠습니다. 상상해보세요, 주말에 가족과 함께 여행를 가기로 결정했다고 가정합시다. 이 여행에는 여행비용과 시간이 들어가며, 더불어 가족과의 소중한 시간과 휴식을 얻게 될 것입니다. 그러나 이 여행을 선택하는 것은 다른 선택지를 포기하는 것을 의미합니다. 예를 들어, 그 동안 해보고 싶었던 새로운 스포츠를 배워보거나, 집에서 여유로운 시간을 보내는 것도 대안 중 하나일 수 있습니다.

기회비용을 고려하여 결정을 내릴 때는 몇 가지 단계를 거칩니다.

첫째, 각각의 선택지가 가지는 장점과 단점을 분석합니다.

둘째, 각 선택지의 기회비용을 고려합니다.

즉, 어떤 것을 선택하면 그것의 가치를 얻을 수 있을 것이고, 다른 것을 포기하면 그것의 가치를 잃게 된다는 사실을 생각합니다. 마지막으로, 이러한 정보를 기반으로 최선의 선택을 내립니다.

이렇게 기회비용을 고려하여 선택을 하면, 우리는 미래에 대한 자신감 있는 결정을 내릴 수 있습니다. 더 나아가서는 우리의 선택들이 어떤 영향을 미치는지를 더 잘 이해하고, 우리의 목표와 가치에 더 부합하는 결정을 내릴 수 있게 됩니다.

트레이드 오프의 세계에서의 합리적인 의사 결정

일상에서 우리는 자주 선택을 해야 합니다. 그런데 때로는 어떤 것을 선택하면 다른 것을 포기해야 할 때가 있습니다. 이때, 우리는 어떤 것을 선택하느냐에 따라 어떤 이익을 얻게 될지, 그리고 어떤 것을 포기하게 될지를 고려하며 결정을 내려야 합니다. 이것이 바로 "합리적인 결정과 대안의 교환"입니다.

시장 경제에서 합리적인 결정을 내리려면 몇 가지 중요한 사실을 알아야 합니다.

첫째, 우리의 자원은 한정되어 있습니다. 시간, 돈, 에너지 등 모든 자원은 한정되어 있으며, 이러한 자원을 최대한 효과적으로 활용하려면 어떤 것을 선택하느냐에 따라 결과가 달라집니다.

둘째, 어떤 선택을 하면 그 선택의 이익을 얻을 수 있지만, 동시에 다른 선택지를 포기하게 됩니다. 예를 들어, 학습 시간을 늘리면 좋은 성적을 얻을 수 있겠지만, 그만큼 여가 시간이 줄어들게 됩니다. 이런 선택의 교환을 "대안의 교환"이라고 합니다.

그렇다면 어떻게 합리적인 결정을 내릴 수 있을까요? 가장 중요한 것은 장단점을 분석하고, 어떤 선택이 미래에 더 큰 이익을 가져다 줄지를 고려하는 것입니다. 어떤 선택지가 가장 필요한 목표에 부합하는지, 그리고 어떤 선택이 장기적으로 더 나은 결과를 가져다 줄지를 생각해보는 것이 중요합니다.

결국, 합리적인 결정과 대안의 교환은 우리가 시장에서 어떤 상품을 구매하거나 판매하거나, 시간과 자원을 어떻게 활용하느냐에 영향을 미치는 중요한 원칙입니다. 이를 통해 우리는 한정된 자원을 최대한 효과적으로 활용하며, 더 나은 선택을 통해 미래를 계획할 수 있습니다.

구분	기회비용
정의	시장에서 판매 가능한 상품 또는 서비스의 생산 및 제공 가능한 양
발생 원리	한정된 자원과 다양한 용도로 사용 가능한 대안들 사이에서 선택할 때 발생
예시	공부 시간 : 학생이 공부하기 위해 사용하는 시간은 다른 여가 활동(예 : 친구와 놀기, 영화 보기 등)을 할 수 있는 기회를 상실하는 것이므로 이러한 여가 활동의 가치가 공부의 기회비용이 됨 생산 결정 : 회사가 A 제품 대신 B 제품 생산을 선택하면 A 제품 판매 수익을 상실하게 되어 A 제품 판매 수익이 B 제품 생산의 기회비용이 됨
경제적 의미	합리적인 경제적 의사결정에 있어서 포기되는 대안들 사이에서 얻는 가치를 고려함으로써 최적의 선택을 도출할 수 있음

04

시장구조

시장을 사람들이 물건을 사고 파는 장소로 상상해 보십시오. 농산물 직판장과 같은 물리적 장소일 수도 있고 쿠팡과 같은 온라인 플랫폼일 수도 있습니다. 경제학에서는 이러한 시장이 어떻게 조직되어 있는지 연구하고 이를 "시장 구조"라고 부릅니다.

시장 구조의 유형은 가격, 사용 가능한 제품의 다양성, 기업의 행동 방식에 영향을 미칠 수 있습니다. 예를 들어, 독점에서는 가격이 높을 수 있고 경쟁이 없기 때문에 제품 개선에 대한 인센티브가 줄어들 수 있습니다. 완전 경쟁에서는 일반적으로 가격이 낮아지고 기업은 고객을 유치하기 위해 더 나은 제품을 만들기 위해 열심히 노력합니다.

경제학자들은 이러한 시장 구조를 연구하여 시장 구조가 어떻게 작동하는지, 소비자에게 어떤 영향을 미치는지, 공정성과 경쟁을 보장하기 위해 정부 규제가 필요한지 여부를 이해합니다. 목표는 기업이 성장할 수 있도록 하면서 좋은 제품을 공정한 가격에 제공하는 시장을 갖는 것입니다.

시장 구조에는 다양한 유형이 있으며, 크게 네 가지로 분류할 수 있습니다.

1) 완전경쟁

사람들이 북적이는 대형 농산물 시장이라고 생각해보세요. 이 시장 구조에서는 사과와 같은 종류의 제품을 판매하는 많은 판매자가 있습니다. 그리고 사과를 구매하려는 구매자도 많이 있습니다.

모든 사과는 품질과 맛 면에서 거의 동일합니다. 한 판매자의 사과와 다른 판매자의 사과를 구분할 수 없을 정도입니다.

사과를 판매하고 싶은 판매자라면 누구나 시장에 가판대를 설치할 수 있으며, 더 이상 사과를 판매하고 싶지 않다고 판단되면 문제없이 떠날 수 있습니다.

각 판매자는 시장에서 차지하는 비중이 너무 작아서 사과 가격에 영향을 미칠 수 없습니다. 그들은 사과의 총 공급량과 구매자의 총 수요량에 의해 결정되는 시장 가격을 받아들여야 합니다.

이제 이것이 어떻게 작동하는지 자세히 살펴보겠습니다.

사과 판매자가 너무 많기 때문에 서로 치열하게 경쟁합니다. 가능한 한 많은 사과를 판매하고 싶기 때문에 구매자를 유치하기 위해 가격을 낮게 유지합니다. 이는 소비자에게 합리적인 가격으로 사과를 구입할 수 있다는 이점이 있습니다.

완전경쟁 시장에서 눈에 띄기 위해 판매자들은 종종 사과를 최고로 만드는 데 집중합니다. 특별한 농업 기술을 사용하거나 우수한 고객 서비스를 제공할 수도 있습니다. 이는 고품질의 제품으로 이어집니다.

완전경쟁은 매우 효율적인 경향이 있습니다. 판매자들은 더 높은 가격을 받을 수 없기 때문에 자원을 낭비하고 싶지 않습니다. 따라서 자원을 현명하게 사용하므로 환경과 경제에 도움이 됩니다.

한 판매자가 시장을 통제할 수 없습니다. 판매자들은 스스로 가격이나 규칙을 정하는 대신 시장 상황에 적응해야 합니다.

간단히 말해, 완전경쟁은 농산물 시장에서 판매자들 간의 선의의 경쟁과 같습니다. 모두가 구매자를 유치하기 위해 최선을 다하기 때문에 낮은 가격, 고품질의 제품, 효율적인 자원 사용으로 이어집니다. 이는 경제학에서 다른 시장 구조의 성과를 비교하기 위한 벤치마크로 자주 사용됩니다.

2) 독점

특정 제품이나 서비스의 판매자 또는 생산자가 한 명뿐이고 그 판매자가 시장에 상당한 통제력과 영향력을 갖는 시장 구조입니다. 경제학에서 독점에 대한 자세한 설명은 다음과 같습니다.

단일 판매자

특정 제품이나 서비스의 전체 시장을 지배하는 단일 회사 또는 단체가 있을 때 독점이 존재합니다. 이는 동일한 제품을 제공하는 직접적인 경쟁자가 없음을 의미합니다.

고유한 제품

종종 제공하는 제품이나 서비스가 독특하거나 대체 제품과 현저히 다르기 때문에 다른 비즈니스가 효과적으로 경쟁하기 어렵기 때문에 발생합니다.

높은 진입 장벽

일반적으로 다른 기업이 시장에 진입하여 경쟁하는 것을 막는 상당한 장벽이 있습니다. 이러한 장벽에는 특허, 리소스에 대한 독점적 접근, 높은 시작 비용, 정부 규제 등이 포함될 수 있습니다.

시장 지배력

가장 큰 특징은 단일 판매자가 상당한 시장 지배력을 가지고 있다는 것입니다. 즉, 경쟁에 대한 걱정 없이 제품이나 서비스의 가격을 통제하고 생산 수량을 결정할 수 있습니다.

가격 결정자

독점 시장에서는 판매자가 "가격 결정자"가 됩니다. 즉, 판매자가 제품 판매 가격을 정할 수 있기 때문에 경쟁이 치열한 시장에 비해 더 높은 가격을 책정하는 경우가 많습니다.

소비자 선택권 제한

직접적인 대안이 없기 때문에 독점이 제공하는 제품이나 서비스에 대한 소비자의 선택권이 제한됩니다. 독점 사업자의 조건을 받아들이거나 아예 제품을 사용하지 않아야 합니다.

시장지배력

소비자에게 다른 선택권이 없기 때문에 더 높은 가격을 부과하고 품질이 낮은 제품이나 서비스를 제공함으로써 시장 지배력을 악용할 가능성이 있습니다. 이는 소비자 불만과 경제적 비효율로 이어질 수 있습니다.

규제

많은 국가에서 정부는 시장 지배력 남용을 방지하고 소비자가 부당하게 착취당하지 않도록 독점을 규제합니다. 이러한 규제에는 가격 통제, 품질 표준 또는 독과점을 경쟁력이 있는 소규모 회사로 분할하는 것이 포함될 수 있습니다.

자연적 독점

공공 서비스(예 : 수도, 전기, 천연가스)와 같은 일부 산업은 규모의 경제로 인해 자연적으로 독점이 형성될 수 있습니다. 이러한 경우 정부는 소비자를 보호하기 위해 이러한 독점을 엄격하게 규제하거나 감독하는 경우가 많습니다.

경제학에서 독점은 단일 판매자 또는 생산자가 시장을 독점적으로 지배하는 상황을 의미하며, 이는 종종 높은 가격, 소비자 선택의 제한, 시장 지배력 남용의 가능성으로 이어집니다. 정부는 공정성을 보장하고 소비자를 보호하기 위해 이러한 시장에 개입할 수 있습니다.

3) 과점

과점이란 완전 경쟁(다수의 소규모 기업)과 독점(하나의 지배적 기업)의 극단 사이에 있는 시장 구조를 말합니다. 과점 시장에서는 소수의 대기업 또는 기업이 특정 제품이나 서비스의 시장을 지배합니다. 과점의 특징과 역학 관계에 대해 좀 더 자세히 살펴보겠습니다.

제한된 수의 기업

경쟁 시장처럼 수많은 판매자가 존재하지 않습니다. 대신 소수의 주요 업체만 존재하며, 소수의 대기업이 시장의 대부분을 지배하는 경우가 많습니다.

상호 의존성

기업 간의 상호 의존성입니다. 이는 한 기업의 행동이 다른 기업에 직접적인 영향을 미치고 영향을 받는다는 것을 의미합니다. 예를 들어, 한 기업이 가격을 낮추면 다른 기업도 경쟁력을 유지하기 위해 가격을 낮춰야 한다는 강박을 느낄 수 있습니다.

제품 차별화

과점 기업은 제품 차별화를 시도하는데, 이는 자사 제품을 경쟁사와 약간 다르게 만들려고 노력한다는 의미입니다. 이는 브랜딩, 마케팅 또는 고유한 기능 추가를 통해 이루어질 수 있습니다. 목표는 독창성과 고객 충성도를 높이는 것입니다.

진입 장벽

과점 시장에 진입하는 것은 쉽지 않습니다. 진입 장벽이 높으면 신규 기업이 경쟁에 쉽게 참여하지 못합니다. 이러한 장벽에는 막대한 자본 요구 사항, 소비자들의 강력한 브랜드 충성도, 정부 규제 또는 필수 자원에 대한 통제 등이 포함될 수 있습니다.

시장 지배력

과점의 각 기업은 상당한 시장 지배력을 행사합니다. 독점 기업처럼 시장을 완전히 장악하지는 못하지만 가격과 수량에 영향을 미칠 수 있는 충분한 영향력을 가지고 있습니다. 이는 지배적인 기업 간의 가격 전쟁 또는 가격 리더십으로 이어질 수 있습니다.

가격 경직성

과점 기업은 가격 경직성을 보이는 경우가 많으며, 이는 가격을 자주 변경하는 것을 주저한다는 의미입니다. 비용이나 시장 상황이 변하더라도 가격을 안정적으로 유지하는 것을 선호할 수 있습니다. 이러한 안정성은 소비자에게 이익이 될 뿐만 아니라 예측 가능한 시장을 조성할 수 있습니다.

전략적 행동

기업은 전략적 의사결정을 내립니다. 경쟁사의 행동을 주의 깊게 관찰하고 이에 대응합니다. 전략에는 가격 매칭, 공격적인 마케팅 캠페인 또는 전략적 제휴 체결 등이 포함될 수 있습니다.

담합과 경쟁

기업은 때때로 가격을 담합하거나 경쟁을 제한하기 위해 비밀리에 협력하는 담합에 관여할 수 있습니다. 이러한 행위는 선택의 폭을 줄이고 잠재적으로 가격을 인상하여 소비자에게 피해를 주기 때문에 많은 국가에서 불법입니다.

비가격 경쟁

과점 시장에서의 경쟁은 가격에만 기반하지 않습니다. 기업들은 종종 제품 품질, 혁신, 광고, 고객 서비스와 같은 비가격 요소를 통해 경쟁합니다.

정부의 감시

시장 지배력 및 반경쟁적 행위에 대한 우려로 인해 종종 정부 규제 당국의 주목을 받습니다. 정부 기관은 이러한 시장을 면밀히 모니터링하고 공정한 경쟁을 보장하기 위한 조치를 취할 수 있습니다.

과점 시장은 상호 의존적이고 상당한 시장 지배력을 가지고 있으며 종종 전략적 행동을 하는 소수의 대기업이 시장을 지배하는 것이 특징입니다. 과점 시장의 경쟁은 치열하고 복잡할 수 있으며, 기업들은 경쟁사의 행동과 자신의 이익 사이에서 균형을 맞추려고 노력하는 동시에 잠재적인 정부 감독을 탐색해야 합니다.

4) 독점경쟁

독점과 완전 경쟁의 요소가 모두 결합된 시장 구조입니다. 이러한 유형의 시장에서는 많은 기업이 경쟁하지만 각 기업이 제공하는 제품이나 서비스가 조금씩 다르기 때문에 제품 차별화가 이루어집니다. 다음은 독점경쟁에 대해 보다 포괄적으로 살펴보는 내용입니다.

다수의 기업

독점경쟁은 독점과 달리 많은 기업이 참여하므로 시장에 여러 판매자가 존재합니다. 그러나 기업의 수는 상당할 수 있으며 동일한 고객 그룹을 대상으로 경쟁하는 경우가 많습니다.

제품 차별화

각 기업은 경쟁사의 제품과 다소 독특하거나 차별화되는 제품을 생산합니다. 이러한 차별화는 브랜드, 디자인, 기능, 품질 또는 기타 요소를 기반으로 할 수 있습니다. 목표는 소비자가 자사 제품을 특별하거나 선호한다고 인식하게 만드는 것입니다.

쉬운 진입과 퇴출

진입 장벽과 퇴출 장벽이 상대적으로 낮습니다. 신규 기업은 시장에 진입할 수 있고 기존 기업은 큰 장애물 없이 퇴출할 수 있습니다. 이러한 유연성은 끊임없이 변화하는 역동적인 시장으로 이어질 수 있습니다.

비가격 경쟁

경쟁은 주로 비가격 요소를 통해 발생합니다. 기업은 광고, 마케팅, 고객 서비스, 제품 디자인 및 기타 전략에 집중하여 경쟁사와 제품을 차별화합니다. 가격 경쟁은 완전 경쟁에 비해 덜 치열합니다.

제한된 시장 지배력

독점과 달리 독점적 경쟁에 속한 기업은 시장 지배력이 제한적입니다. 이들은 제품이 유사하지만 동일하지 않기 때문에 전체 시장 가격에 큰 영향을 미칠 수 없습니다. 소비자에게는 여전히 대안이 있습니다.

하향 경사 수요 곡선

각 기업은 하향 경사 수요 곡선에 직면합니다. 가격을 올리면 경쟁업체에 일부 고객을 잃고, 가격을 내리면 더 많은 고객을 확보하게 됩니다.

용량 초과

기업은 과잉 생산 능력을 가지고 운영할 수 있습니다. 이는 제품 차별화를 유지해야 하기 때문에 최대 효율로 생산하지 못한다는 의미입니다. 이는 자원 배분의 효율성이 떨어질 수 있습니다.

소비자 선호도

이러한 시장 구조에서 중요한 역할을 합니다. 소비자는 독특하거나 우수하다고 인식되는 제품에 대해 프리미엄을 기꺼이 지불합니다. 기업은 차별화를 통해 이러한 선호를 활용하려고 합니다.

단기 이익

기업은 제품을 차별화하여 고객을 유치하는 데 성공하면 단기적으로 경제적 이익을 얻을 수 있습니다. 그러나 이러한 이익은 신규 진입자를 끌어들여 경쟁을 심화시키고 장기적으로 수익을 감소시킵니다.

정부 규제

정부는 공정한 광고 관행을 보장하고 기만적인 주장을 방지하기 위해 독점 경쟁 시장을 규제하는 경우가 많습니다. 이러한 맥락에서 상표 및 특허와 같은 지적 재산권 보호도 중요할 수 있습니다.

독점 경쟁 시장은 다수의 기업, 제품 차별화, 손쉬운 진입과 퇴출, 비가격 경쟁, 제한된 시장 지배력, 소비자 선호에 초점을 맞춘다는 특징이 있습니다. 기업들이 독특한 제품을 만들고 충성도 높은 고객을 유치하기 위해 노력하는 역동적이고 경쟁적인 환경입니다. 완전 경쟁과 일부 유사점을 공유하지만, 차별화된 제품과 비가격 경쟁이 존재한다는 점에서 차별화됩니다.

〈독점과 경쟁시장간의 주요 차이점〉

	독점시장	경쟁시장
기업수	단일기업	다수의 기업
진입 장벽	높음(자연독점) 또는 정부규제(법정독점)	낮음
가격 결정	자유롭게 조정 가능	경쟁적인 가격 결정
생산량 조정	자유롭게 조정 가능	시장수요와 공급에 따라 조정
혁신 활동	저하될 가능성 있음	활발한 혁신 및 개선 활동
소비자 복지	제한된 선택권 높은 가격	다양한 선택권, 경쟁적인 가격

05

경제 시스템

경제 시스템이란 한 사회가 재화와 서비스를 생산, 분배, 소비하기 위해 자원을 조직하고 관리하는 방식을 말합니다. 한 국가나 지역에서 경제 활동이 이루어지는 방식을 지배하는 규칙과 메커니즘이라고 생각하면 됩니다. 시장 경제학에는 시장 경제와 계획 경제라는 두 가지 주요 유형의 경제 시스템이 있습니다. 여기서는 시장 경제에 초점을 맞춰 설명하겠습니다.

시장경제

1) 수요와 공급

시장 경제의 핵심은 공급과 수요 간의 상호작용입니다. 즉, 가격과 자원 배분은 시장에서 소비자와 생산자의 선호와 선택에 의해 결정됩니다.

2) 개인 소유권

시장 경제에서 개인과 기업은 토지, 공장, 사업체 등의 재산을 소유할 권리가 있습니다. 이러한 소유권을 통해 이러한 자원을 어떻게 사용할지 결정할 수 있습니다.

3) 경쟁

시장 경제는 경쟁을 통해 번창합니다. 여러 기업이 유사한 제품이나 서비스를 제공하는 경우 고객을 유치하기 위해 서로 경쟁합니다. 이러한 경쟁은 종종 혁신과 가격 인하로 이어져 소비자에게 혜택이 돌아갑니다.

4) 가격 체계

가격은 시장 경제에서 신호 역할을 합니다. 제품에 대한 수요가 많고 공급이 제한되어 있으면 가격이 상승하는 경향이 있습니다. 반대로 공급이 풍부하고 수요가 적으면 가격이 하락하는 경향이 있습니다. 이러한 가격 변화는 소비자와 생산자 모두의 의사 결정에 도움이 됩니다.

5) 정부의 개입 최소화

순수 시장 경제에서 정부의 역할은 제한적입니다. 일반적으로 정부는 계약을 집행하고, 재산권을 보호하며, 공정한 경쟁을 보장하는 데 중점을 둡니다. 그러나 일반적으로 어떤 상품을 어떤 가격에 생산해야 하는지 지시하지는 않습니다.

장점

- 효율성 : 시장 경제는 소비자의 선호에 따라 자원을 효율적으로 배분하기 때문에 효율성이 높습니다.
- 혁신 : 경쟁은 기업이 제품과 서비스를 혁신하고 개선하도록 장려합니다.
- 소비자 선택 : 시장 경제에서 개인은 다양한 선택권을 갖습니다.

단점

- 불평등 : 시장 경제에서는 부와 소득 격차가 클 수 있습니다.
- 규제부족 : 정부의 감독이 없으면 독점이나 환경 문제와 같은 시장 실패가 발생할 수 있습니다.

시장 경제는 개인과 기업이 수요와 공급에 따라 무엇을 생산할지, 어떻게 생산할지, 누구를 위해 생산할지를 결정하는 시스템입니다. 시장 경제는 경쟁, 사적 소유, 가격 신호에 의존하여 경제 활동을 유도합니다. 시장 경제는 많은 장점을 제공하지만 잠재적인 문제를 해결하고 공정성을 보장하기 위해 어느 정도의 정부 규제가 필요합니다.

자본주의 – 경제적 자유 시스템

자본주의는 흔히 "자유 시장" 시스템으로 설명되는 경제 체제입니다. 자본주의의 핵심 구성 요소에는 사적 소유권, 자유 경쟁, 이윤 인센티브가 포함됩니다. 더 명확한 이해를 위해 이러한 개념을 세분화해 보겠습니다.

1) 사적 소유권

자본주의 시스템에서 개인과 기업은 토지, 공장, 사업체 및 기타 자산을 포함한 재산을 소유할 권리가 있습니다. 즉, 자신의 집을 소유하고, 사업을 시작하고, 소유한 물건에 대한 통제권을 가질 수 있습니다. 사적 소유는 자본주의의 근본적인 측면입니다.

2) 자유로운 경쟁

자본주의는 경쟁을 통해 번성합니다. 즉, 같은 산업에 유사하거나 다른 제품과 서비스를 제공하는 여러 비즈니스가 존재할 수 있습니다. 이러한 경쟁으로 인해 기업은 더 나은 품질의 상품을 생산하고, 더 매력적인 가격을 제시하며, 우위를 점하기 위해 혁신하기 위해 노력합니다. 경쟁은 소비자에게 더 많은 선택권을 제공하고 종종 더 낮은 가격을 제공함으로써 소비자에게 혜택을 줍니다.

3) 이익 인센티브

자본주의의 원동력 중 하나는 이윤 추구입니다. 이 시스템에서 개인과 기업은 상품을 생산 및 판매하거나 서비스를 제공함으로써 수익을 창출하는 것을 목표로 합니다. 더 효율적이고 성공적일수록 더 많은 수익을 얻을 수 있습니다. 이러한 이윤 동기는 혁신과 효율성을 장려합니다.

4) 수요와 공급

자본주의에서 상품과 서비스의 가격은 수요와 공급에 의해 결정됩니다. 제품의 수요가 많지만 공급이 제한되어 있으면 가격이 상승하는 경향이 있습니다. 반대로 공급이 수요를 초과하면 가격은 하락하는 경향이 있습니다. 이러한 가격 메커니즘은 자원을 효율적으로 할당하는 데 도움이 됩니다.

5) 정부의 개입 최소화

자본주의 국가의 정부는 법을 집행하고, 재산권을 보호하고, 공익을 위해 특정 산업을 규제하는 역할(예 : 안전 표준 보장)을 수행하지만, 일반적으로 대부분의 기업을 직접 통제하거나 관리하거나 어떤 제품을 생산해야 하는지 지시하지 않습니다. 자본주의는 경제적 자유를 중시하기 때문에 기업과 개인이 법의 테두리 안에서 스스로 결정을 내릴 수 있습니다.

장점

- 효율성 : 자본주의는 시장의 힘에 따라 자원을 효율적으로 배분하는 경우가 많습니다.
- 혁신 : 이윤 동기가 혁신과 기술 발전을 주도합니다.
- 소비자 선택 : 자본주의는 다양한 제품과 서비스를 제공하여 소비자에게 선택권을 제공합니다.

단점

- 소득 불평등 : 자본주의는 심각한 소득 격차를 초래할 수 있습니다.
- 환경문제 : 이윤을 추구하다 보면 때때로 환경에 대한 고려를 소홀히 할 수 있습니다.
- 시장 실패 : 어떤 경우에는 시장이 정부의 개입 없이 특정 필수 서비스를 제공하지 못하거나 사회 문제를 해결하지 못할 수도 있습니다.

자본주의는 사적 소유, 자유 경쟁, 이윤 인센티브, 제한적인 정부 개입을 특징으로 하는 경제 시스템입니다. 자본주의는 개인의 경제적 자유를 중시하고 혁신과 효율성으로 이어지는 경우가 많지만, 소득 불평등과 환경 영향에 대한 우려를 불러일으키기도 하며, 이를 해결하기 위해 정부의 규제와 사회 정책이 필요할 수 있습니다.

사회주의 – 시장과 집단 복지의 균형

사회주의는 경제적 불평등을 줄이고 모든 시민의 기본 생활수준을 보장하는 것을 목표로 자원에 대한 집단적 소유와 통제를 강조하는 경제 체제입니다. 사회주의에서는 시장 중심의 활동과 사회 복지를 위한 정부의 개입이 균형을 이루고 있습니다. 주요 구성 요소를 분석해 보겠습니다.

1) 집단적 소유권
사회주의 체제에서는 일부 주요 산업과 자원을 정부나 공동체가 공동으로 소유할 수 있습니다. 즉, 의료, 교육, 유틸리티와 같은 필수 서비스를 공공이 소유하여 지불 능력에 따라 접근 여부가 결정되지 않도록 할 수 있습니다. 이는 영리 동기가 필수 서비스에 대한 접근을 제한하는 것을 방지하기 위한 것입니다.

2) 부의 재분배

사회주의는 부의 재분배를 통해 경제적 불평등을 줄이는 것을 목표로 합니다. 이는 고소득 개인과 기업이 소득의 더 많은 부분을 세금으로 납부하는 누진세를 통해 이루어질 수 있습니다. 이러한 세금의 수입은 종종 사회 프로그램에 자금을 지원하고 저소득층을 지원하는 데 사용됩니다.

3) 중앙 계획

사회주의 체제에서는 정부가 경제를 계획하고 지휘하는 데 더 중요한 역할을 할 수 있습니다. 여기에는 생산 목표 설정, 가격 통제, 사회 전체에 이익이 되는 방식으로 자원이 사용되도록 하는 규제가 포함될 수 있습니다. 목표는 소수의 손에 부와 권력이 과도하게 집중되는 것을 방지하는 것입니다.

4) 사회 안전망

사회주의는 강력한 사회 안전망을 포함합니다. 즉, 실직, 장애 또는 경제적 어려움에 처한 사람들을 지원하기 위한 프로그램이 마련되어 있습니다. 이러한 안전망은 누구도 극심한 빈곤에 빠지지 않도록 하기 위해 고안

되었습니다.

5) 시장 요소

사회주의 체제에서 경제의 모든 측면이 정부에 의해 통제되는 것은 아닙니다. 많은 사회주의 국가에는 여전히 개인과 기업이 경제 활동에 참여하고, 상품을 사고팔고, 경쟁할 수 있는 시장이 존재합니다. 그러나 정부는 공정성을 보장하고 착취를 방지하기 위해 이러한 시장을 규제하는 역할을 하는 경우가 많습니다.

장점

- 불평등 감소 : 사회주의는 경제적 격차를 줄이고 기본적인 필요를 제공하는 것을 목표로 합니다.
- 사회복지 : 강력한 사회 안전망은 사회의 취약한 구성원들을 보호할 수 있습니다.
- 보편적 서비스 : 집단 소유권은 모든 시민들에게 필수적인 서비스에 대한 접근을 보장할 수 있습니다.

단점

- 제한된 경제적 자유 : 중앙 계획은 경제적 자유와 혁신을 제한할 수 있습니다.
- 관료주의 : 정부의 개입은 때때로 비효율과 관료주의를 초래할 수 있습니다.

- 리소스 할당 과제 : 리소스의 가장 효율적인 할당을 결정하는 것은 복잡할 수 있습니다.

 사회주의는 경제적 불평등을 줄이고 모든 국민의 안녕을 보장하기 위해 시장주도적 활동과 집단소유, 정부개입의 균형을 추구하는 경제체제로 사회복지의 중요성을 강조하고 극심한 경제적 격차를 줄이는 것도 중요하지만 중앙계획과 자원배분과 관련된 도전에 직면할 수 있습니다.

혼합경제 - 두 세계의 장점

 혼합경제는 시장 자본주의와 정부 개입 또는 사회주의의 요소를 결합한 경제 시스템입니다. 이는 개인의 자유와 시장 중심의 혁신을 허용하는 동시에 사회 복지를 보장하고 경제적 불평등을 해결하는 두 가지 장점을 모두 누리는 것과 같습니다. 작동 방식은 다음과 같습니다.

1) 시장 기반 활동

 혼합 경제에서는 경제 활동의 상당 부분이 자유 시장에 의해 주도됩니다. 이는 개인과 기업이 자유롭게 재산을 소유하고, 투자하고, 상품과 서비스를 사고 파는 데 참여할 수 있음을 의미합니다. 경쟁과 이윤 추구는 여전히 혁신과 효율성을 촉진하는 데 중요한 역할을 합니다.

2) 정부 규제 및 개입

동시에, 혼합경제에서 정부는 경제활동을 규제하고 감독하는 데 있어 중요한 역할을 한다. 이는 공정한 경쟁을 보장하고 소비자를 보호하며 외부효과(예 : 환경 문제)를 해결하기 위한 규칙과 표준을 설정합니다. 정부는 또한 의료, 교육, 인프라와 같은 필수 서비스를 제공할 수도 있습니다.

3) 사회 안전망

혼합 경제의 주요 특징은 사회 안전망의 존재입니다. 이는 실업 수당, 의료, 주택 지원 등 도움이 필요한 시기에 시민을 지원하기 위해 고안된 정부 프로그램입니다. 사회 안전망은 극심한 빈곤을 예방하고 기본적인 필요 사항이 충족되도록 보장합니다.

4) 누진과세

혼합 경제에서는 고소득 개인과 기업이 소득의 더 많은 부분을 세금으로 납부하는 누진과세 시스템을 사용합니다. 그런 다음 정부는 이 수익을 사용하여 사회 프로그램 및 서비스에 자금을 지원하고 소득 불평등을 해결하며 필수 자원에 대한 공평한 접근을 보장합니다.

5) 경제적 유연성

혼합 경제에서는 경제의 다양한 부문이 다양한 수준의 정부 개입을 요구할 수 있다는 인식이 있습니다. 예를 들어, 유틸리티와 같은 자연 독점 산업이나 공중 보건 및 안전과 관련된 산업은 정부 규제 및 감독이 더 많을 수 있는 반면, 다른 부문은 더 큰 자유를 누릴 수 있습니다.

장점

- 균형 접근 방식 : 혼합 경제는 자본주의와 사회주의의 이점을 결합하여 경제적 효율성과 사회 복지를 모두 다루는 것을 목표로 합니다.
- 불평등 감소 : 누진세와 사회 안전망은 경제적 불평등을 줄이는 데 도움이 됩니다.
- 유연성 : 정부는 다양한 산업과 분야의 요구에 따라 개입 수준을 조정할 수 있습니다.

단점

- 복잡성 : 혼합 경제를 관리하는 것은 복잡할 수 있으며 신중한 균형과 의사 결정이 필요합니다.
- 정부 관료주의 : 정부의 개입이 확대되면 경우에 따라 관료주의와 비효율성이 발생할 수 있습니다.
- 규제에 대한 논쟁 : 정부 규제 및 개입의 적절한 수준에 대해 종종 지속적인 논쟁이 있습니다.

혼합 경제는 개인의 경제적 자유와 사회 복지 간의 균형을 유지하기 위해 시장 자본주의와 정부 개입의 요소를 혼합합니다. 경제 성장과 혁신을 촉진하는 동시에 불평등을 해결하고 모든 시민의 필수 요구 사항을 충족시키는 것을 목표로 합니다.

06

경제에서 정부의 역할

시장 경제에서 정부는 경제가 원활하고 공정하며 사회 전체의 이익을 극대화하도록 보장하기 위해 몇 가지 중요한 역할을 수행합니다. 정부 역할의 주요 내용은 다음과 같습니다.

1) 재산권 보호

정부의 기본 역할 중 하나는 사유재산권을 보호하는 것입니다. 이는 개인과 기업이 토지, 건물, 지적 재산을 포함한 자산에 대한 법적 소유권을 갖도록 보장하는 것을 의미합니다. 재산권을 보호하는 것은 개인과 기업이 자신 있게 투자하고 거래할 수 있도록 해주기 때문에 시장이 제대로 작동하려면 필수적입니다.

2) 계약 이행

정부는 계약 이행을 담당합니다. 계약은 교환 조건을 명시하는 당사자 간의 계약입니다. 두 당사자가 거래를 할 때 그들은 계약이 유지되는지 확인하기 위해 정부의 법률 시스템에 의존합니다. 이는 신뢰를 조성하고 경제적 거래를 촉진합니다.

3) 규제 시장

불공정한 관행을 예방하고 시장 경쟁을 보장하기 위해 정부는 시장을 규제합니다. 여기에는 독점을 방지하기 위한 독점 금지법, 구매자를 보호하기 위한 소비자 보호법, 천연 자원을 보호하기 위한 환경 규제가 포함될 수 있습니다. 규제는 모든 참가자에게 공평한 경쟁의 장을 만드는 것을 목표로 합니다.

4) 시장 실패 해결

어떤 경우에는 시장이 특정 사회적 문제를 효율적으로 해결하지 못할 수도 있습니다. 예를 들어, 시장은 국방, 공중 보건과 같은 공공재를 적절하게 제공하지 못할 수 있습니다. 그러한 경우, 정부는 공공의 이익을 위해 이러한 서비스를 제공하거나 규제하기 위해 개입합니다.

5) 소득 재분배

정부는 소득 불평등을 해결하기 위해 세금 및 복지 정책을 시행합니다. 누진적 과세는 고소득 개인이 소득의 더 높은 비율을 세금으로 납부하는 것을 의미하며, 이는 의료, 교육, 사회 안전망과 같은 사회 프로그램에 자금을 지원하는 데 사용될 수 있습니다.

6) 경제적 안정 촉진

정부는 경기 침체에 대응하기 위해 인플레이션을 관리하고, 이자율을 통제하고, 재정 정책(예 : 정부 지출 및 과세)을 시행하여 경제 안정성을 유지하기 위해 노력합니다. 이는 심각한 불황을 예방하는 데 중요합니다.

7) 공공재 제공

도로, 교량, 공공 교육, 의료 등 특정 재화와 서비스는 공공재로 간주됩니다. 이는 사회 전체에 이익이 되고 민간 부문에서는 효율적으로 제공되지 않을 수 있기 때문에 일반적으로 정부에서 자금을 지원하고 제공합니다.

8) 지원 인프라

정부는 교통 네트워크, 유틸리티, 통신 시스템과 같은 인프라에 투자합니다. 이 인프라는 경제 발전에 필수적이며 시장의 효율적인 기능을 보장합니다.

장점

- 시장 안정성 : 정부 개입은 경제 위기 중에 시장을 안정시키는 데 도움이 될 수 있습니다.

- 보호 : 정부 규정은 소비자를 보호하고 공정한 경쟁을 보장합니다.
- 사회 복지 : 정부 프로그램은 취약한 시민들에게 필수 서비스와 지원을 제공합니다.

단점

- 관료제 : 과도한 정부 개입은 관료주의와 비효율성을 초래할 수 있습니다.
- 과잉 규제 : 과잉 규제는 혁신과 경제 성장을 저해할 수 있습니다.
- 논쟁 : 경제에 대한 정부의 개입 정도는 정치적 논쟁의 주제가 되는 경우가 많습니다.

시장 시스템의 경제에서 정부의 역할은 재산권을 보호하고, 계약을 집행하고, 시장을 규제하고, 시장 실패를 해결하고, 소득을 재분배하고, 안정성을 촉진하고, 공공재를 제공하고, 인프라를 지원하는 것입니다. 이러한 다각적인 역할은 사회 전체에 이익이 되는 공정하고 효율적이며 균형 잡힌 경제 활동을 보장하는 것을 목표로 합니다.

2 장

간편해진 개인 금융

목표에 따른 저축 전략
: 단기 저축 전략과 장기 저축 전략

구체적인 재무 목표를 설정하고 그 목표를 달성하기 위해 구조화된 저축 계획을 세우는 재무 계획 접근 방식입니다. 이 전략은 개인과 가계가 단기 및 장기 재정 목표를 달성하기 위해 효과적으로 재정을 관리하는 데 도움이 되므로 일상적인 경제학에서 없어서는 안 될 부분입니다. 여기에서는 목표에 따른 저축 전략이 무엇이며 일상 경제에 어떻게 적용되는지 자세히 설명해드리겠습니다.

1) 목표 설정

목표 기반 저축 전략의 첫 번째 단계는 재무 목표를 파악하고 정의하는 것입니다. 이러한 목표는 단기, 중기, 장기 목표로 분류할 수 있습니다. 몇 가지 일반적인 예는 다음과 같습니다.

- 단기 목표 : 휴가를 위한 저축, 전자제품 구입, 비상금 마련 등이 있습니다.
- 중기 목표 : 자녀 교육비, 자동차 구입, 주택 리모델링 자금 마련.
- 장기 목표 : 은퇴를 위한 저축, 주택 구입, 자녀의 대학 교육비 마련.

2) 우선순위 정하기

목표를 설정한 후에는 목표의 중요도와 시급성에 따라 우선순위를 정하세요. 어떤 목표가 다른 목표보다 우선시되어야 하는지 결정합니다. 예를 들어, 휴가 계획보다 비상금 마련이 더 중요할 수 있습니다.

3) 비용 추정

각 목표에 대해 예상 비용 또는 재정적 요구 사항을 계산합니다. 각 목표를 달성하는 데 필요한 금액을 결정할 때는 최대한 현실적으로 생각하세요. 여기에는 인플레이션, 예상 투자 수익률, 각 목표의 기간과 같은 요소를 고려해야 합니다.

4) 기간

각 목표에 기간 또는 기한을 지정합니다. 이렇게 하면 각 목표를 위해 얼마나 많은 시간을 절약해야 하는지 결정하고 투자 선택을 안내하는 데 도움이 됩니다. 단기 목표는 일반적으로 기간이 짧고 장기 목표는 기간이 길어집니다.

5) 저축 할당

각 목표의 비용, 기간, 우선순위에 따라 수입의 일부를 각 목표에 맞는 저축에 할당하세요. 여기에는 목표에 따라 별도의 저축 계좌 또는 투자 포트폴리오를 설정하는 것이 포함될 수 있습니다.

6) 예산

수입과 지출을 개략적으로 설명하는 상세한 예산안을 작성하세요. 저축 할당액이 예산과 일치하는지 확인하고 목표를 위해 저축하면서 일상적인 재정 관리를 위한 계획을 세우세요.

7) 투자 전략

목표 달성을 위해 저축금을 어떻게 투자할지 결정하세요. 투자 선택은 자신의 투자 기간과 위험 감내 능력에 맞춰야 합니다. 단기 목표의 경우, 저축 예금이나 정기예금과 같은 저위험 옵션이 적합할 수 있습니다. 장기적인 목표에는 주식이나 뮤추얼 펀드와 같은 보다 공격적인 투자가 필요할 수 있습니다.

8) 정기적인 모니터링 및 조정

재무 목표에 대한 진행 상황을 지속적으로 모니터링하세요. 상황이 변하거나 예상치 못한 지출이 발생하면 그에 따라 저축 전략을 조정할 준비를 하세요.

9) 목표 달성

재무 목표를 달성하면 성공을 축하하세요. 이는 동기를 유지하고 긍정적인 재정 습관을 강화하는 데 도움이 될 수 있습니다.

목표에 따른 저축 전략은 일상생활에서 재정을 관리하기 위한 실용적이고 체계적인 접근 방식입니다. 재정적 목표를 달성하기 위한 로드맵을 제공하는 동시에 절제된 저축 노력을 유지할 수 있도록 도와줍니다. 명확한 목표를 설정하고, 우선순위를 정하고, 정기적으로 진행 상황을 검토함으로써 정보에 입각한 결정을 내리고 재정적으로 더 안전한 미래를 위해 노력할 수 있으며, 이는 일상 경제의 기본 요소입니다.

단기 저축 전략과 장기 저축 전략의 차이점을 이해하는 것은 개인이 목표와 기간에 따라 정보에 입각한 재무 결정을 내리는 데 도움이 되므로 매우 중요합니다. 다음은 이 두 가지 유형의 저축 전략의 차이점에 대한 자세한 설명입니다.

단기 저축 전략

1) 기간

단기 저축 전략은 비교적 단기간, 일반적으로 1년 또는 몇 개월 이내에 달성할 것으로 예상되는 재무 목표를 위해 설계되었습니다.

2) 목적

단기 저축은 즉각적이거나 가까운 미래의 필요와 지출을 위해 할당됩니다. 일반적인 단기 목표에는 비상금 마련, 휴가비 저축, 예상치 못한 의료비 충당, 자동차 계약금 마련 등이 있습니다.

3) 위험 허용 범위

단기 저축 전략은 높은 수익률보다 자본 보존을 우선시하는 경향이 있습니다. 즉, 개인은 저축 계좌, 양도성 예금증서^{CD} 또는 머니 마켓 계좌와 같이 위험이 낮고 유동적이며 쉽게 접근할 수 있는 저축 옵션을 선택할 가능성이 더 높습니다.

4) 유동성

유동성은 단기 저축의 핵심 고려 사항입니다. 필요할 때 자금에 접근하는 것이 중요하기 때문에 개인은 수수료 없이 빠르게 인출할 수 있는 계좌나 투자 상품을 선택합니다.

5) 투자 선택

단기 저축 전략은 일반적으로 기간이 짧기 때문에 보수적이거나 위험도가 낮은 투자를 포함합니다. 주식 및 기타 변동성이 큰 자산은 일반적으로 단기 목표에 적합하지 않습니다.

장기 저축 전략

1) 기간

장기 저축 전략은 일반적으로 수년에서 수십 년에 이르는 장기간에 걸쳐 재무 목표를 달성하는 것을 목표로 합니다. 일반적인 장기 목표에는 은퇴 계획, 주택 구입, 자녀 교육비 마련, 장기적으로 상당한 부를 축적하는 것이 포함됩니다.

2) 목적

장기 저축 전략은 부를 축적하고 미래를 위한 재정적 안정을 달성하는 데 중점을 둡니다. 이러한 목표를 달성하려면 더 많은 금액과 장기간에 걸친 지속적인 납입이 필요합니다.

3) 위험 허용 범위

장기 저축은 수년에 걸친 복리 성장의 잠재력을 활용하기 때문에 더 높은 수준의 위험을 감당할 수 있습니다. 즉, 개인은 주식, 채권, 뮤추얼 펀드 또는 부동산과 같은 자산에 투자할 수 있으며, 이러한 자산은 높은 수익률을 기대할 수 있지만 변동성이 더 큽니다.

4) 유동성

유동성은 장기 저축의 경우 더 많은 유연성을 허용하기 때문에 크게 걱정할 필요가 없습니다. 일부 장기 투자는 유동성이 떨어질 수 있지만, 개인은 일반적으로 인출하기 전에 유리한 시장을 기다릴 수 있는 여유가 있습니다.

5) 투자 선택

장기 저축 전략은 더 위험한 자산을 포함한 다각화된 포트폴리오를 활용할 수 있습니다. 다각화는 위험을 분산하고 장기적인 성장을 목표로 합니다.

	단기 저축 전략	장기 저축 전략
목표	짧은 기간 내에 비상 상황에 대비하기 위해 금전적 안정성 확보	장기적인 목표를 위해 재무적 안정성 구축
시간 범위	보통 수개월에서 수년 사이의 짧은 기간	여러 해 또는 심지어 수십 년 동안 긴 기간
용도	예상치 못한 비용, 응급 상황에 대비하기 위한 급여, 예비 현금 등	중장기 목표를 위한 자금 축적 (예 : 주택 구매, 교육 비용, 은퇴 준비 등)
특징	낮은 리스크와 쉬운 액세스가 중요함	높은 수익률 및 성장 가능성을 추구하며 일부 리스크가 포함될 수 있음
투자 방식	안전한 자금 보호를 위해 주로 은행 예금, 정기 예금 등의 안정적인 금융 상품 활용	향상된 성과를 얻고자 주식, 채권, 펀드 등 다양한 투자 도구 및 자산 다변화 활용
관리 요소	유동성과 현액 지출에 초점을 맞추어 일시적인 필요에 대응	시간 가치와 복리 이자의 영향을 고려하여 지속적으로 자산을 성장시켜야 함
예시	비상 기금으로 계좌에 일정 금액 예치	연금 계획 및 IRAs(Individual Retirement Accounts)와 같은 은퇴 계좌 개설

〈단기 저축 전략과 장기 저축 전략의 차이점〉

위 표에서 볼 수 있듯이, 단기 저축 전략과 장기 저축 전략은 각각 다른 시간 범위와 목표를 가지고 있습니다.

단기 저축 전략은 주로 짧은 기간 내에 비상 상황에 대비하기 위해 급여나 예비 현금 등을 모으는 것에 초점을 맞추고 있습니다.

반면에 장기 저축 전략은 중장기 목표를 위해 여러 해 동안 자산 축적이 필요하며, 주로 부동산 구매나 은퇴 준비 등의 장래 계획들이 포함됩니다.

이러한 차이로 인해 각각 다른 특징과 관리 요소가 존재하며, 해당하는 시나리오와 개인의 우선 순위에 따라서 선택되어야 합니다.

단기 저축은 자본 보존과 유동성에 중점을 두고 당장 또는 가까운 미래에 필요한 자금을 마련하기 위한 것입니다.

장기 저축은 장기간에 걸쳐 실질적인 재무 목표를 달성하기 위한 것으로, 더 높은 위험과 성장 잠재력을 허용합니다.

단기 전략과 장기 전략 사이의 선택은 개인 또는 가구의 구체적인 목표, 기간, 위험 감내 능력, 유동성 요구 사항에 따라 달라집니다.

일상 경제에서 개인과 가정은 재무 계획을 세울 때 이러한 차이를 고려해야 합니다. 단기 및 장기 저축 전략의 균형을 맞추는 것은 재무 안정성과 당면 및 미래의 재무 목표를 모두 달성하는 데 필수적입니다.

저축과 투자

저축과 투자는 국가의 경제성장과 개인의 재정적 안녕에 중요한 역할을 하는 경제학의 핵심 개념입니다. 저축과 투자를 설명하면 다음과 같습니다.

1) 저축

단순히 수입의 일부를 바로 소비하지 않고 따로 모아두는 것을 의미합니다. 돼지 저금통이 있고 돈을 받을 때마다 저금통에 조금씩 넣는다고 상상해 보세요. 이것이 바로 저축입니다!

비오는 날을 대비하는 것과 같습니다. 예상치 못한 비용이나 기회가 발생했을 때(예 : 차가 고장 났을 때나 큰 세일이 있을 때) 저축을 하면 빚을 지지 않고 이러한 상황을 처리하는 데 도움이 됩니다.

부를 쌓기 위한 기초입니다. 저축은 피라미드의 기초와 같습니다.

경제학에서 저축이 중요한 이유

- 저축은 경제 성장의 원동력이 되는 투자에 사용할 수 있는 자금을 제공합니다.
- 저축은 어려운 시기에 개인을 위한 재정적 쿠션 역할을 합니다.
- 높은 수준의 국가 저축률은 장기적인 경제 번영에 필수적인 인프라, 교육, 기술에 투자할 수 있는 국가의 역량을 나타냅니다.

2) 투자

저축한 돈을 사용하여 시간이 지남에 따라 성장시키는 것을 의미합니다. 정원에 씨앗을 심는 것과 같다고 생각하세요. 돈이 자라서 미래에 더 많은 돈을 벌 수 있기를 바라며 무언가에 돈을 넣는 것입니다.

주식(회사 지분)을 사거나, 은행에 돈을 넣어 이자를 받거나, 시간이 지남에 따라 가치가 상승할 수 있는 주택을 구입하는 등 다양한 형태로 이루어질 수 있습니다.

피라미드의 성장 부분과 같습니다. 투자를 통해 자산을 더 크게 불릴 수 있습니다.

경제학에서 투자가 중요한 이유

- 투자는 경제의 생산 능력을 증가시켜 경제 성장을 촉진합니다. 기업이 새로운 장비나 기술에 투자하면 더 많은 상품과 서비스를 생산할 수 있습니다.
- 일자리를 창출합니다. 비즈니스와 인프라에 대한 투자는 고용 기회

로 이어집니다.

- 장기적으로 투자는 혁신과 기술 발전으로 이어져 경제의 생산성을 높일 수 있습니다.

3) 저축과 투자 사이의 균형

건전한 경제를 위해서는 저축 수준과 투자 수준이 일치해야 합니다. 저축이 투자를 초과하면 생산적으로 사용되지 않는 과잉 자금이 생길 수 있습니다. 투자가 저축을 초과하면 차입과 잠재적으로 지속 불가능한 부채로 이어질 수 있습니다.

저축과 투자는 개인의 재정적 안녕과 국가의 경제 성장에 모두 영향을 미치는 기본적인 경제 개념입니다. 저축과 투자는 효과적으로 관리할 때 번영과 발전을 촉진하는 방식으로 서로 얽혀 있습니다. 저축과 투자 사이의 균형은 견고하고 지속 가능한 경제를 위해 필수적입니다.

◈ **일반인을 위한 핵심 포인트** ◈

적은 금액이라도 수입의 일부를 정기적으로 저축하세요.
주식이나 저축 계좌 등 자금을 투자할 수 있는 다양한 방법에 대해 알아보세요.
인내심을 가지세요 – 부를 쌓는 데는 시간이 걸립니다. 즉각적인 결과를 기대하지 마세요.
정원을 가꾸는 것처럼 투자를 모니터링하고 필요에 따라 조정할 필요가 있습니다.

복리의 마법
: 복리의 힘 활용하기

복리$^{compound\ interest}$란 시간이 지남에 따라 저축과 투자에 큰 영향을 미칠 수 있는 시장 경제의 기본적인 금융 개념입니다.

복리란 투자나 저축 등의 자금이 시간이 지남에 따라 원금에 더해져 성장하는 현상을 말합니다. 간단히 말하면, 복리는 돈을 더 많이 만들어주는 돈의 힘이라고 할 수 있습니다.

1) 복리란 무엇인가요

복리 이자는 돈에 대한 초능력과도 같습니다. 초기 저축액에 대한 이자뿐만 아니라 이미 적립된 이자에 대한 이자도 포함합니다. 즉, 복리 이자는 이자에 대한 이자이며, 시간이 지남에 따라 저축액이 더 빨리 불어날 수 있습니다.

저축 계좌가 있다고 가정해 봅시다. 이자가 발생하고 그 이자를 계좌에 남겨두면 원래 저축액과 이미 발생한 이자 모두에 대한 이자가 발생하기 시작합니다. 이 복리 효과로 인해 돈이 마법처럼 불어나는 것입니다.

2) 장기효과

복리의 진정한 마법은 장기적으로 일어납니다. 복리로 돈을 불릴 수 있는 기간이 길어질수록 그 효과는 더욱 커집니다.

눈덩이가 내리막길에서 굴러가는 것과 같다고 생각하세요. 처음에는 작지만 굴러갈수록 더 많은 눈이 모이고 점점 커집니다. 시간이 지남에 따라 지속적으로 돈을 더 추가하지 않더라도 저축액은 크게 늘어날 수 있습니다.

3) 복리를 활용하는 방법

장기적인 재정적 성장을 위해 복리의 힘을 활용하려면 저축과 투자를 일찍 시작해야 합니다. 돈이 복리되는 시간이 길수록 더 좋습니다.

복리 이자는 다양한 방법으로 활용할 수 있습니다.

- 복리 이자가 적용되는 고수익 예금 계좌나 양도성 예금증서^{CD}에 저축하기.
- 시간이 지남에 따라 수익이 복리되는 주식이나 채권에 투자합니다.
- 세금 혜택과 장기적인 성장 잠재력을 제공하는 401^K 또는 개인은퇴계좌^{IRA}와 같은 은퇴 계좌에 가입합니다.

4) 예시

연 이자율이 5%인 저축 계좌에 1,000,000원을 투자한다고 가정해 보겠습니다. 첫해가 지나면 50,000원의 이자를 받게 됩니다. 이제 총 저축액은 1,050,000원입니다.

두 번째 해에는 1,050,000원에 대해 5%의 이자인 52,500원을 받습니다. 이제 총 저축액은 1,102,500원입니다. 초기 1,00,000원뿐만 아니라 첫해에 적립한 50,000원에 대해서도 이자가 발생한 것을 주목하세요.

시간이 지남에 따라 이러한 복리 효과는 계속되고 저축액은 더욱 빠르게 증가합니다.

복리 효과를 최대한 활용하기 위해서는 장기적인 관점과 꾸준한 저축 및 투자가 필요합니다. 시간이 경제적 가치와 함께 작용하기 때문에 초기부터 저축 및 투자를 시작하는 것이 중요합니다. 또한 안정적인 수익률을 추구하는 것도 복리 효과를 극대화하기 위한 방법 중 하나입니다.

복리의 개념은 금융 상품 선택, 장기 목표 달성, 재무 계획 등 다양한 경제적 상황에서 유용하게 활용될 수 있습니다. 따라서 일반인들은 복리의 원칙을 알고 적절하게 활용하여 돈을 더욱 효과적으로 운용할 수 있습니다.

연 5% 100만원을 복리했을 경우

기간	원금	이자	총액
1년	1,000,000	50,000	1,050,000
2년	1,050,000	52,500	1,102,500
3년	1,102,500	55,125	1,157,625
4년	1,157,625	57,881	1,215,506
5년	1,215,506	60,775	1,276,282
10년	1,551,328	77,566	1,628,894
15년	1,979,931	98,997	2,078,928
20년	2,526,950	126,348	2,653,298

위의 표에서 볼 수 있듯이 매 단계별로 기간이 지날수록 복리에 의한 성장은 점차 가속화됩니다.

예를 들어 첫 해에는 이자가 약 50,000원이지만 다음 해부터는 기존 자산에 더해져 성장하므로 매년 발생하는 이자도 점차 증가합니다.

04

현명한 소비 습관
: 돈을 더 늘리기 위한 선택

개인이 돈을 효과적으로 관리하고, 재정적 행복을 극대화하며, 시장 경제의 맥락에서 정보에 입각한 결정을 내리기 위해 취하는 금융 관행과 선택을 의미합니다. 여기에서는 이러한 습관을 쉽게 이해할 수 있도록 설명하겠습니다.

1) 예산

돈에 대한 로드맵을 만드는 것과 같습니다. 수입과 지출을 추적하여 수입보다 지출이 적은지 확인하는 것이 포함됩니다.

돈이 어디로 가는지 파악하고, 과소비를 방지하며, 필수적인 필요, 저축, 미래 목표를 위해 자금을 할당하는 데 도움이 됩니다.

2) 재정 목표 설정

목표로 삼을 목표가 있는 것과 같습니다. 휴가를 위한 저축이든, 부채 상환이든, 비상 자금 마련이든, 명확한 목표는 지출의 목적을 부여합니다.

목표는 동기를 부여하고, 지출 우선순위를 정하고, 정보에 입각한 재무 결정을 내리는 데 도움이 됩니다.

3) 수입 내에서 생활하기

감당할 수 있는 범위 내에서 생활한다는 것은 적당한 크기의 신발을 신는 것과 같습니다. 감당할 수 없는 라이프스타일을 유지하기 위해 자신의 수입보다 더 많은 돈을 쓰거나 빚을 지지 않는 것을 의미합니다.

감당할 수 있는 범위 내에서 생활하면 재정적 안정이 보장되고 스트레스가 줄어들며 장기적으로 큰 비용을 초래할 수 있는 부채 누적을 방지할 수 있습니다.

4) 충동구매 피하기

충동적으로 물건을 구매하기 전에 잠시 멈추는 것과 같습니다. 즉, 구매가 목표와 예산에 맞는지 시간을 들여 고려하는 것입니다.

낭비성 지출을 방지하고 의도적이고 의미 있는 구매를 할 수 있습니다.

5) 저축과 투자

저축은 단기적인 필요(예 : 긴급 상황)에 대비해 돈을 따로 모아두는 것이고, 투자는 주식이나 채권과 같은 전략을 통해 장기적인 목표(예 : 은퇴)를 위해 돈을 불려나가는 것과 같습니다.

저축과 투자는 부를 쌓고, 재정적 미래를 보장하며, 돈을 유용하게 사용할 수 있도록 도와줍니다.

6) 쇼핑 전 비교하기

최고의 상품을 찾기 위한 사냥과 같습니다. 구매하기 전에 가격과 기능을 조사하고 비교하는 것이 포함됩니다.

필요한 제품 및 서비스에 대해 가장 효율적인 옵션을 찾아 비용을 절약할 수 있습니다.

7) 비상자금

금융보험과 같습니다. 비상금은 의료비나 자동차 수리비와 같은 예상치 못한 지출을 충당하기 위해 따로 마련해 둔 돈입니다.

재정적 안정을 제공하고 예상치 못한 비용이 발생했을 때 저축을 줄이거나 빚을 지는 것을 방지합니다.

8) 고금리 대출 피하기

고금리 대출을 피하는 것은 재정적 함정에서 벗어나는 것과 같습니다. 일상적인 지출에 대해 이자율이 높은 신용카드나 대출에 의존하지 않는 것을 의미합니다.

재정 건전성을 빠르게 약화시켜 목표 달성을 어렵게 만들 수 있습니다.

금융교육

금융 교육은 돈을 현명하게 관리할 수 있는 도구와 지식을 습득하는 것과 같습니다. 여기에는 효율적인 저축, 현명한 투자, 예산 수립 및 준수, 책임감 있게 부채를 관리하고 줄이는 방법을 이해하는 것이 포함됩니다. 재무 교육은 세금, 보험, 은퇴 계획, 경제 동향과 같은 개념도 다룹니다. 금융교육이 중요한 이유에 대해 알아보겠습니다.

정보에 입각한 의사 결정

금융 교육은 정보에 입각한 재무 결정을 내리는 데 필요한 정보를 제공합니다. 올바른 저축 계좌를 선택하든, 주식에 투자하든, 빚을 지는 것이 어떤 의미를 갖는지 이해하든, 선택지를 더 잘 평가할 수 있게 됩니다.

비용이 많이 드는 실수 방지

금융 교육을 받지 않으면 고금리 부채를 쌓거나, 위험성을 이해하지 못한 채 위험한 벤처에 투자하거나, 은퇴를 위한 저축을 적절히 하지 못하는 등 비용이 많이 드는 실수를 저지를 수 있습니다. 금융 이해력은 이러한 함정을 피하는 데 도움이 됩니다.

권한 부여

금융 지식을 갖추면 금융 생활에 대한 통제력과 권한이 강화됩니다. 이를 통해 주택 구입, 자녀 대학 진학, 편안한 은퇴 등 재무 목표를 설정하고 달성할 수 있습니다.

경제적 회복력

금융 교육은 경제적 회복력을 증진합니다. 개인과 가정이 금융 지식을 갖추면 경기 침체, 실직, 예상치 못한 비용 지출과 같은 재정적 어려움을 극복할 준비가 더 잘 되어 있습니다.

경제 성장에 기여

전반적으로 금융 교육을 받은 인구는 전반적인 경제 성장에 기여합니다. 정보에 입각한 소비자는 더 나은 선택을 하고, 더 효과적으로 투자하며, 경제에 더 적극적으로 참여합니다.

재정적 스트레스 감소

금융 교육은 재정적 스트레스와 불안을 줄일 수 있습니다. 자신의 재정 상황을 이해하고 계획을 세우면 돈과 관련된 걱정으로 인해 압도당할 가능성이 줄어듭니다.

장기적인 재정적 안정

금융 이해력은 장기적인 재정적 안정을 달성하는 데 중요한 역할을 합니다. 은퇴를 위해 저축하고, 비상 자금을 마련하고, 보험 및 부동산 계획을 통해 자산을 보호하는 데 도움이 됩니다.

금융 교육은 개인이 현명한 금융 결정을 내리고, 재정적 함정을 피하며, 재정 목표를 달성할 수 있도록 돕는 필수적인 삶의 기술입니다.

05

부채 관리
: 부채 없는 삶을 위한 전략

집을 사고 싶거나 사업을 시작하고 싶은데 모아둔 돈이 충분하지 않다고 상상해 보세요. 바로 이때 부채 관리가 필요합니다. 부채 관리는 돈을 빌리고 현명하게 사용하는 방법에 대해 현명한 결정을 내리는 재무 전략과 같습니다.

1) 돈 빌리기

주택 구입이나 사업 확장 등 큰 지출이 필요한 경우 수중에 현금이 충분하지 않으면 은행이나 기타 대출 기관에서 돈을 빌릴 수 있습니다. 이렇게 빌린 돈을 "부채"라고 합니다.

2) 부채의 유형

부채에는 여러 가지 유형이 있습니다. 가장 일반적인 것은 다음과 같습니다.

- 모기지 : 주택을 구입하기 위해 돈을 빌리는 경우입니다.
- 학자금 대출 : 교육을 위해 빌리는 돈입니다.
- 신용 카드 : 신용카드를 사용하는 것은 단기 차입의 한 형태입니다.
- 사업 대출 : 기업가들은 사업을 시작하거나 성장시키기 위해 대출을 받습니다.

3) 책임감의 중요성

돈을 빌리면 반드시 갚아야 합니다. 빌린 금액(원금)뿐만 아니라 이자라고 하는 추가 돈도 갚아야 합니다. 이자는 일종의 수수료와 같은 대출 비용입니다.

4) 부채 관리

감당할 부채의 양과 어떻게 갚을 것인지에 대해 신중한 결정을 내리는 것이 포함됩니다. 다음은 몇 가지 핵심 사항입니다.

- 이자율 : 대출 이자율에 주의를 기울이세요. 이자율이 낮을수록 시간이 지남에 따라 갚아야 할 금액이 줄어듭니다.
- 예산 책정 : 다른 비용을 충당하면서 대출 상환금을 편안하게 갚을 수 있도록 예산을 세우세요.
- 고금리 부채 우선 상환 : 부채가 여러 개 있는 경우, 이자가 높은 부

채부터 상환하는 데 집중하세요.

- 과도한 대출 방지 : 현실적으로 상환할 수 있는 금액보다 더 많이 빌리지 마세요. 재정적 스트레스로 이어질 수 있습니다.

- 장점과 위험 : 부채는 현명하게 사용한다면 유용한 도구가 될 수 있습니다. 부채를 통해 주택 구입이나 교육 투자와 같은 중요한 목표를 달성할 수 있습니다. 하지만 과도하거나 잘못 관리된 부채는 재정적인 어려움을 초래할 수 있으므로 균형을 맞추는 것이 중요합니다.

부채 관리는 빌린 돈을 현명하게 사용해 재정적인 문제에 빠지지 않고 재무 목표를 달성하는 것입니다. 부채는 신중하고 책임감 있게 사용하면 더 나은 미래를 만드는 데 도움이 되는 도구와 같습니다. 올바른 부채 관리는 대출 조건을 이해하고 정보에 입각해 돈을 빌리고 갚는 데 있어 현명한 선택을 하는 것에서 시작된다는 점을 항상 기억하세요.

06

재무 목표
: 설정 및 달성

돈에 대한 계획이 있다고 상상해 보자. 이 계획은 주택 구입, 휴가 여행, 편안한 은퇴 등 인생에서 원하는 것을 달성하는 데 도움이 되는 로드맵과 같습니다. 이러한 계획이 바로 재무 목표입니다.

재무 목표를 세우는 방법은 다음과 같습니다.

1) 단기 목표와 장기 목표
재무 목표는 크게 단기 목표와 장기 목표 두 가지로 나뉩니다.
- 단기 목표 : 휴대폰 구입, 휴가, 신용카드 대금 상환과 같이 곧 하고 싶은 일입니다.
- 장기 목표 : 내 집 소유, 자녀 대학 진학, 재정 걱정 없는 은퇴 등 미래에 대한 큰 그림의 꿈입니다.

2) 구체적이고 측정 가능한 목표

목표는 명확하고 측정하기 쉬워야 합니다. 예를 들어, "돈을 저축하고 싶다"라고 말하는 대신 "주택 계약금을 위해 5,000만원을 저축하고 싶다"라고 말할 수 있습니다.

3) 시간 제한

목표에 기한을 설정하면 목표를 달성하는 데 도움이 됩니다. 예를 들어 "2년 안에 집 계약금으로 5,000만원을 저축하고 싶다"라고 말하는 것과 같습니다.

4) 저축과 투자

재정 목표를 달성하려면 돈을 저축해야 하는 경우가 많습니다. 저축은 돼지 저금통에 돈을 넣는 것과 같습니다. 투자는 시간이 지남에 따라 더 많은 돈으로 성장할 수 있는 씨앗을 심는 것과 같습니다.

5) 예산 책정

예산을 세우는 것은 매달 목표를 달성할 수 있는 돈을 확보하는 데 도움이 되는 지출 계획과 같습니다. 또한 돈이 어디로 가는지 파악하는 데 도움이 됩니다.

6) 비상 자금

재정 목표를 달성하기 전에 비상금을 마련하는 것이 현명합니다. 비상금은 의료비나 자동차 수리비와 같은 예상치 못한 지출을 충당하는 재정적 안전망과 같습니다.

7) 조정 및 검토

인생은 변할 수 있으므로 필요에 따라 목표를 조정하는 것도 괜찮습니다. 새 직장을 구하거나 지출이 변경될 수도 있습니다. 정기적으로 목표를 검토하고 업데이트하면 올바른 방향으로 나아갈 수 있습니다.

8) 재정 목표의 이점

재무 목표를 세우면 돈에 대한 방향과 목적이 생깁니다. 과소비와 빚을 피하는 데 도움이 됩니다. 또한 더 나은 재정적 미래를 위해 노력하고 있다는 사실을 알기 때문에 마음의 평화를 얻을 수 있습니다.

재무 목표를 달성하려면 신중한 계획, 엄격한 저축 및 투자, 지속적인 재정 관리가 결합되어야 합니다. 이는 명확한 목표를 설정하고, 정보에 입각한 결정을 내리고, 재정적 여정에 전념하는 것입니다. 올바른 접근 방식을 사용하면 누구나 보다 안전하고 번영하는 재정적 미래를 향해 노력할 수 있습니다.

07

세금에 대처하기

세금은 시장 경제의 중요한 부분입니다. 세금은 정부가 학교, 의료, 사회 기반 시설과 같은 공공 서비스를 제공하기 위해 세금을 징수하는 방식입니다.

세금은 급여 공제(급여에서), 판매세(구매시), 재산세(집이나 토지의 가치에 따라) 등 다양한 수단을 통해 정부에서 징수합니다.

세금을 통해 징수된 자금은 다양한 공공 서비스 및 프로그램 재원으로 사용됩니다. 여기에는 교육, 의료, 도로 및 교량과 같은 인프라, 국방, 실업 수당과 같은 사회 안전망이 포함될 수 있습니다.

개인으로서 우리는 소득, 구매 및 재산에 대해 세금을 납부합니다. 납세 의무는 소득, 지출, 자산 가치에 따라 결정됩니다.

회사도 수익, 재산, 경우에 따라서는 직원 급여에 대해 세금을 납부합니다. 비즈니스 세금은 정부와 사회를 지원하는 데 도움이 됩니다.

재정을 효과적으로 관리하려면 몇 가지 핵심적인 세금에 대해 이해해야 합니다.

1) 세금의 종류

소득세, 판매세, 재산세 등 다양한 유형의 세금이 있습니다. 세법과 세율은 지역에 따라 다를 수 있으며 시간이 지남에 따라 변경될 수 있습니다.

- 소득세 : 직업, 투자, 임대 수입 등 다양한 출처에서 벌어들인 돈에 부과되는 세금입니다. 소득세는 재정 상황의 중요한 부분을 차지할 수 있습니다.
- 재산세 : 이 세금은 집이나 토지 등 소유하고 있는 부동산의 가치를 기준으로 부과됩니다.
- 법인세 : 기업은 수익에 대해 세금을 납부합니다.
- 소비세 : 휘발유, 주류, 담배와 같은 특정 상품에 부과되는 세금입니다.
- 자본이득세 : 주식이나 채권, 부동산, 기업의 매각, 특허권 등과 같은 자산을 매각하여 얻은 이익에 적용됩니다.

2) 세금의 목적

주로 학교, 병원, 경찰, 소방서와 같은 필수 공공 서비스에 자금을 지원하는 데 사용됩니다.

더 많이 버는 사람에게서 더 많이 걷어 도움이 필요한 사람에게 혜택과 서비스를 제공함으로써 소득 불평등을 줄이는 데 도움이 될 수 있습니다.

경제를 관리하기 위한 도구로 사용될 수 있습니다. 정부는 경제 성장을 촉진하거나 인플레이션을 통제하기 위해 세율을 조정할 수 있습니다.

세수는 도로, 교량, 대중교통 시스템과 같은 인프라를 건설하고 유지하는 데 사용됩니다.

3) 과세 대상 소득

모든 소득에 동일한 방식으로 과세되는 것은 아닙니다. 일부 소득원은 다른 세율로 과세되거나 공제 대상이 될 수 있습니다. 무엇이 과세 대상 소득으로 간주되는지 이해하는 것이 중요합니다.

4) 공제 및 세액 공제

전체 세금을 낮출 수 있는 도구입니다. 소득 공제는 과세 대상 소득을 줄여주는 반면, 세액 공제는 납부해야 할 세금을 직접 줄여줍니다. 일반적인 공제에는 모기지 이자, 학자금 대출 이자, 자선 기부금 등이 있습니다.

세금 전략 : 세금상황 최적화하기

이제 법적 테두리 내에서 세금 상황을 최적화하는 전략에 대해 알아보겠습니다. 여기서 목표는 세법을 준수하면서 납세 의무를 최소화하는 것입니다.

1. 세금 계획 : 세금을 염두에 두고 재정 계획을 세우는 것부터 시작하세요. 투자나 퇴직금 납입과 같은 다양한 재정적 결정이 세금에 어떤 영향을 미치는지 고려하세요.

2. 은퇴 계좌 : 401^k 또는 IRA와 같은 은퇴 계좌에 불입하면 현재 과세 대상 소득을 낮추고 미래를 위한 저축에 도움이 될 수 있습니다. 일부 불입금은 세금 공제 대상이 될 수도 있습니다.

3. 세금 효율적인 투자 : 세금 혜택을 제공하는 자산과 계좌에 투자하세요. 예를 들어, 장기 자본 이득은 일반적으로 단기 이득보다 낮은 세율로 과세됩니다.

4. 세금 우대 저축 : 특정 목적에 따라 세금 혜택을 제공하는 건강 저축 계좌^{HSA} 또는 교육 저축 계좌^{ESA}와 같은 계좌를 활용하세요.

5. 타이밍이 중요합니다 : 금융 거래 시기를 고려하세요. 예를 들어, 낮은 세율을 적용받을 때까지 자본 이득이 있는 투자 자산의 매각을 연기할 수 있습니다.

6. 세금 공제 : 근로소득세액공제 또는 자녀 세액공제 등 사용 가능한 세액공제를 활용하면 세금 부담을 크게 줄일 수 있습니다.

- 근로소득세액공제

- 자녀 세액공제

근로소득세액공제

거주자의 근로소득에 대한 종합소득산출세액에서 공제

산출세액	공제세액
130만원 이하	산출세액의 55%
130만원 초과	71만5천원 130만원 초과금액의 30%

<출처 : 국세청>

세액공제 한도(20만원~74만원)

총급여액	근로소득세액공제 한도
3천3백만원 이하	74만원
3천3백만원 초과 7천만원 이하	74만원-[(총급여액-3천3백만원)×0.008] → (최소 66만원)
7천만원 초과 1억2천만원 이하	66만원-[(총급여액-7천만원)×1/2] → (최소 50만원)
1억2천만원 초과	50만원-[(총급여액-1억2천만원)×1/2] → (최소 20만원)

<출처 : 국세청>

자녀 세액공제

기본공제 대상 자녀 : 종합소득이 있는 거주자의 공제 대상 자녀로 8세 이상의 사람에 대해서는 다음에 따른 금액을 종합소득 산출세액에서 공제합니다.

자녀의 수	세액공제 금액
1명	연 15만원
2명	연 30만원
3명 이상	연 30만원 2명 초과하는 1명당 연 30만원

* 3명 60만원, 4명 90만원, 5명 120만원
<출처 : 국세청>

출산·입양 공제대상 자녀 : 해당 과세기간에 출산하거나 입양 신고한 공제 대상 자녀가 있는 경우 첫째 30만원, 둘째 50만원, 셋째 이상인 경우 연 70만원을 종합소득 산출세액에서 공제합니다.

7. 최신 정보 유지

세법이 변경되고 새로운 세금 인센티브가 제공될 수 있습니다. 세법 업데이트에 대한 정보를 파악하면 정보에 입각한 재무 결정을 내리는 데 도움이 될 수 있습니다.

8. 전문가의 도움

재정 상황이 복잡하거나 세금 전략에 대해 확신이 서지 않는 경우 세무사나 회계사와 상담하는 것을 고려하세요. 이들은 당신의 상황에 따라 맞춤형 안내를 제공할 수 있습니다.

9. 탈세를 피하세요

합법적인 세금 계획과 불법적인 탈세를 구분하는 것이 중요합니다. 탈세에는 세금을 회피하기 위한 부정직한 전술이 포함되며, 이는 심각한 법적 결과를 초래할 수 있습니다.

세금은 우리 경제 시스템의 기본적인 부분이며, 세금이 어떻게 작동하는지 이해하는 것은 재정을 효과적으로 관리하기 위해 필수적입니다. 법이 허용하는 범위 내에서 세금 전략을 활용하면 세금 상황을 최적화하여 잠재적으로 비용을 절감하고 재정적 미래를 보장할 수 있습니다. 특정 재무 상황에 맞는 맞춤형 조언을 받으려면 항상 전문가와 상담하는 것을 잊지 마세요.

3 장

쉽게 읽는 경제

금리
: 경제의 핵심

1) 금리^{interest rates}란 무엇인가요

금리는 돈의 시간 가치를 나타내는 지표로, 자금을 빌리거나 저금할 때 적용되는 비율입니다. 한마디로, 금리는 돈을 빌릴 때 지불해야 하는 비용 또는 돈을 저금할 때 얻을 수 있는 이득을 나타냅니다.

한국에서의 금리

한국에서의 금리는 한국은행^{Korea Central Bank}에 의해 관리되며, 기준금리로도 알려져 있습니다. 한국은행은 경제 상황을 고려하여 정책금리를 결정하며, 이는 경제와 금융 시스템에 큰 영향을 미칩니다.

금리의 역할

• 대출과 저축 : 대출 및 저축 활동에 직접적인 영향을 미칩니다. 높은

금리는 대출금의 비용을 증가시키고, 낮은 금리는 저축에 대한 이득을 강화합니다.

- 투자와 소비 : 투자와 소비 결정에도 영향을 미칩니다. 높은 금리는 저축을 장려하고 소비를 저하시킬 수 있으며, 낮은 금리는 투자와 대출을 촉진하여 경제 성장을 격려할 수 있습니다.
- 환율 : 국제 환율에도 영향을 미칩니다. 높은 금리는 외국 투자자를 끌어들이고 국내 통화의 가치를 높일 수 있으며, 낮은 금리는 외국 투자를 감소시키고 통화 가치를 낮출 수 있습니다.
- 부동산 시장 : 주택 시장에도 중요한 영향을 미칩니다. 낮은 금리는 주택 구매를 장려하고 부동산 가격을 상승시킬 수 있으며, 높은 금리는 주택 시장을 위축시키고 가격 하락을 유발할 수 있습니다.

정책과 금리

정부와 한국은행은 금리를 통해 경제를 조절하려는 정책을 시행합니다. 이는 경기 부양을 위해 낮은 금리를 도입하거나, 물가 안정을 위해 높은 금리를 채택하는 등의 방식으로 이루어집니다. 따라서 금리는 한국 경제와 개인 금융에 직접적인 영향을 미치며, 정책 변화에 주의를 기울여야 합니다.

이러한 방식으로, 금리는 한국의 시장 경제와 개인 금융에 미치는 영향을 이해하고, 금융 결정을 내리는 데 도움을 주는 중요한 요소 중 하나입니다.

2) 기준금리는 어떻게 결정되나요

기준금리는 한국의 중앙은행인 한국은행$^{Korea Central Bank}$이 관리하며, 한국의 경제와 금융 시스템을 안정시키고 조절하기 위한 핵심 도구 중 하나입니다. 아래에서는 기준금리가 어떻게 결정되는지를 설명하겠습니다.

경제 분석과 데이터 수집

한국은행은 주기적으로 한국 경제의 건전성을 평가하기 위해 다양한 경제 지표와 데이터를 수집하고 분석합니다. 이 데이터에는 인플레이션율, 고용률, 경제 성장률, 금융 시장 동향 등이 포함됩니다.

위험 평가

한국은행은 현재의 경제 상황과 미래의 위험을 고려합니다. 글로벌 경제 상황, 정치적 요인, 자연재해 등이 한국 경제에 미칠 수 있는 영향을 평가합니다.

통화량 조절

한국은행은 통화량을 조절하여 물가 안정과 경기 부양을 위한 목표를 달성하려고 합니다. 통화량 조절은 기준금리 조절을 통해 이루어집니다.

기준금리 결정

한국은행의 금융통화위원회$^{Monetary Policy Committee}$는 주요 경제 지표와 위험 요인, 통화량 조절 등을 고려하여 기준금리를 결정합니다. 이 결정은 정기적으로 개최되는 회의에서 이루어집니다.

통보 및 시행

기준금리가 결정되면 한국은행은 이를 공개하고 시중 은행과 금융 시장에 공지합니다. 이로써 시장 참여자들은 기준금리의 변화를 반영하여 대출 이자율과 저축 금리를 조절하게 됩니다.

시장 반응과 조절

기준금리 조정에 따라 시장에서는 금융 활동이 변화합니다. 높은 기준금리는 대출금 비용을 증가시키고 저축을 장려하므로 소비와 투자가 감소할 수 있습니다. 낮은 기준금리는 대출을 장려하고 경기를 부양할 수 있습니다.

주기적인 검토

한국은행은 경제 상황과 금융 시장 변화를 계속 모니터링하며, 필요에 따라 기준금리를 업데이트합니다. 이것은 경제의 안정과 성장을 지원하기 위한 지속적인 과정입니다.

한국의 기준금리 결정 과정은 경제의 건전성과 물가 안정을 유지하면서도 경기 부양을 위한 중요한 요소 중 하나로 작용합니다. 이를 통해 한국은행은 경제의 안정과 지속 가능한 성장을 유지하기 위해 노력하며, 이는 한국의 시장 경제와 금융 시스템에 큰 영향을 미칩니다.

< 한국은행 기준금리 >

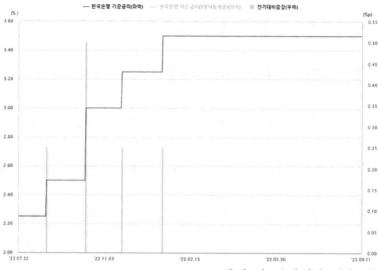

<출처 : 한국은행 경제통계시스템>

3) 금리 변동시 개인한테 어떤 영향을 미치나요

이자 지출과 저축에 대한 영향

- 금리 상승 : 금리가 상승하면 대출금의 이자 비용이 증가합니다. 따라서 개인 대출을 갚을 때 더 많은 돈을 지불해야 할 수 있습니다. 또한, 은행 예금의 금리도 올라가기 때문에 저축 계좌에 예금을 해둔 사람들은 더 많은 이율을 얻을 수 있습니다.

- 금리 하락 : 반면에 금리가 하락하면 대출금의 이자 비용이 낮아집니다. 이는 대출을 갚는 데 도움이 되지만, 은행 예금의 이자도 낮아지므로 저축자는 더 적은 수익을 얻을 수 있습니다.

부동산 시장 영향

- 금리 상승 : 고정금리 모기지 대출을 갖고 있는 사람들은 이자 상승으로 인해 매월 지불해야 하는 주택 모기지 상환액이 증가할 수 있습니다. 이는 부동산 시장에서 주택 구매를 억제할 수 있으며 주택 가격 상승률을 둔화시킬 수 있습니다.
- 금리 하락 : 반대로 금리 하락은 주택 모기지 금리도 낮아지므로 주택 구매를 장려하고 주택 가격 상승률을 촉진할 수 있습니다.

금융 시장 투자와 저축 영향

- 금리 상승 : 주식 및 채권 시장에서 고정금리를 가지고 있는 사람들은 더 높은 이율을 얻을 수 있으므로 투자 수익이 증가할 수 있습니다. 그러나 저축 계좌의 금리가 높아지므로 대출 비용이 증가할 수 있습니다.
- 금리 하락 : 반대로 금리 하락은 금융 시장에서의 투자 수익률을 낮출 수 있으며, 저축 계좌의 금리가 낮아져서 저축자는 더 적은 수익을 얻을 수 있습니다.

신용 및 대출 승인

- 금리 상승 : 대출금의 금리가 상승하면 대출 승인이 어려워질 수 있습니다. 높은 금리는 대출 상환 능력에 대한 우려를 높일 수 있습니다.
- 금리 하락 : 금리 하락은 대출 금리를 낮출 수 있으며, 대출 승인 기

회를 높일 수 있습니다.

통화 가치와 외환 시장

- 금리 상승 : 높은 금리는 국내 투자를 더 매력적으로 만들어 외국 자금을 끌어들일 수 있으며, 국내 통화의 가치를 높일 수 있습니다.
- 금리 하락 : 금리 하락은 외국 자금을 끌어들이기 어렵게 만들 수 있으며, 국내 통화의 가치를 낮출 수 있습니다.

한국의 시장 경제에서 금리의 상승과 하락은 개인 금융 및 경제 활동에 직접적인 영향을 미칩니다. 따라서 개인들은 이러한 변화에 주의를 기울여 자신의 금융 계획을 조정해야 합니다.

금리와 관련된 역사적 사건들

1. 대공황(1929~1939)

1930년대에 발생한 대공황은 금리에 큰 영향을 미쳤습니다. 그것은 1929년 월스트리트 붕괴로 시작되어 경제 침체를 촉발했습니다. 초기에 중앙은행은 자국 통화를 보호하기 위해 상대적으로 높은 금리를 유지했고, 차입과 투자를 줄여 위기를 악화시켰습니다.

미국 연방준비제도(Fed)는 당초 금본위제를 지키기 위해 금리를 인상해 경기침체를 악화시켰습니다. 물가 하락인 디플레이션은 실질 이자율에 상승 압력을 가해 차용인이 부채를 상환하는 것을 더 어렵게 만듭니다. 은행 도산과 신용 경색으로 인해 금리가 더욱 상승했습니다.

FDIC 설립을 포함한 프랭클린 D. 루즈벨트 대통령의 뉴딜 정책은 금리를 안정시키고 은행 시스템에 대한 신뢰를 회복하는 것을 목표로 했습니다. 시간이 지남에 따라 연준은 보다 완화적인 정책의 필요성을 인식하고 점진적으로 금리를 인하했습니다.

대공황은 위기 상황에서 신중한 중앙은행과 적절한 통화 정책의 중요성을 강조했습니다. 이는 케인스주의 경제학의 발전과 경기 침체를 완화하기 위한 정부 개입에 대한 믿음으로 이어졌습니다. 궁극적으로 이 기간은 부적절한 통화 및 규제 조치의 결과와 위기 시 금융 안정성의 중요성을 극명하게 상기시키는 역할을 합니다.

2. 석유파동(1970년대)

1970년대의 '석유파동'은 금리와 세계 경제에 큰 영향을 미쳤습니다.

석유파동은 1973년 아랍 국가를 중심으로 한 석유수출국기구(OPEC) 회원국이 미국을 포함한 서방 국가에 대한 석유 금수 조치를 취하면서 시작되었습니다.

OPEC의 금수 조치로 인해 유가가 급등했습니다. 원유 가격은 단기간 내에 4배나 올랐습니다. 유가의 급격한 상승은 많은 경제에서 인플레이션 압력을 촉발했습니다. 높은 에너지 비용으로 인해 상품과 서비스 가격이 상승했습니다.

미국 연방준비은행을 포함한 중앙은행은 인플레이션을 막기 위해 금리를 인상하는 방식으로 대응했습니다. 더 높은 금리는 차입과 지출을 줄여 인플레이션을 억제하는 데 도움이 될 수 있도록 의도되었습니다.

치솟는 유가와 높은 금리로 인해 경제적 어려움이 발생했습니다. 많은 국가에서 경제성장 정체와 높은 인플레이션이 결합된 스태그플레이션을 경험했습니다.

미국을 포함한 일부 국가는 이 기간 동안 오일 쇼크와 긴축 통화 정책의 영향으로 경기 침체에 빠졌습니다.

석유파동은 에너지 효율성을 개선하고 해외 석유 의존도를 줄이려는 노력을 촉발시켰습니다. 이는 또한 대체 에너지원의 개발로 이어졌습니다. 유가 변동과 같은 외부 충격에 대한 경제의 취약성을 강조했습니다. 이는 경제 안정을 유지하는 데 있어 건전한 에너지 정책과 중앙은행 조치의 중요성을 강조했습니다.

1970년대 유가 급등으로 인한 석유파동은 금리는 물론 세계경제에도 파급 효과를 미쳤습니다. 중앙은행은 인플레이션을 막기 위해 금리를 인상함으로써 대응했고, 이는 결과적으로 경제적 결과를 가져왔습니다. 이 기간은 에너지 시장, 통화 정책, 경제 안정성의 상호 연관성에 대한 교훈이 됩니다.

3. 볼커 쇼크(1980년대)

볼커 쇼크(Volcker Shock)는 미국 금리와 통화정책의 역사에서 중추적인 사건이었습니다.

1970년대 후반과 1980년대 초반 미국 연방준비제도(Fed) 의장 폴 볼커(Paul Volcker)가 실시한 정책을 말합니다.

당시 미국은 높은 인플레이션율로 인해 달러 구매력이 약화되고 경제가 불안정해졌습니다. 인플레이션에 맞서기 위해 볼커는 대담하고 파격적인 전략을 추구했습니다. 그는 은행들이 서로 돈을 빌려주는 이자율인 연방기금 금리를 역사적으로 높은 수준으로 인상했습니다.

볼커의 조치로 인해 전반적으로 금리가 크게 인상되었습니다. 예를 들어 모기지 금리는 이전에는 볼 수 없었던 수준으로 치솟았습니다. 고금리 충격 요법은 대출 비용을 더 비싸게 만들어 인플레이션을 억제하려는 의도였습니다. 이는 또한 물가 안정을 위한 연준의 의지를 나타냅니다.

높은 금리는 인플레이션을 낮추는 데 도움이 되었지만 경제에도 큰 영향을 미쳤습니다. 미국은 이러한 정책의 결과로 심각한 불황을 겪었습니다. 시간이 지남에 따라 볼커의 행동은 인플레이션을 통제하고 미국의 지속적인 경제 성장 기간을 위한 기반을 마련한 것으로 인정되었습니다.

볼커 쇼크(Volcker Shock)는 중앙은행 역사에서 중추적인 순간으로 간주됩니다. 이는 경제 문제를 해결하는 데 있어 강력하고 결단력 있는 통화 정책의 중요성을 강조했습니다.

볼커 쇼크는 폴 볼커가 이끄는 미국 연방준비은행이 금리를 극적으로 인상하여 높은 인플레이션에 맞서기 위한 의도적인 노력이었습니다. 이는 단기적인 경제적 결과를 가져왔지만 궁극적으로 인플레이션을 완화하고 이후 몇 년 동안 경제 안정과 성장을 위한 기반을 구축하는 데 중요한 역할을 했습니다.

4. 일본의 잃어버린 10년(1991년대~2011년대)

일본의 잃어버린 10년은 일본 경제사의 어려운 시기를 요약하는 용어이다. 이는 1990년대 초에 시작되어 약 20년 동안 지속되었으며 국가의 경제 및 정책 결정에 큰 영향을 미쳤습니다.

이 시대는 다음과 같은 몇 가지 주요 요소로 특징 지어졌습니다.

자산 가격 버블

이 모든 것은 1980년대 후반 주로 부동산과 주식을 중심으로 한 대규모 자산 가격 버블에서 시작되었습니다. 이 거품은 지속 불가능했고 결국 터졌습니다.

금융위기

자산가격 버블의 붕괴는 은행위기로 이어졌습니다. 많은 은행들이 이러한 자산 가치 급락에 노출되어 금융 부문의 안정성에 대한 우려가 제기되었습니다.

디플레이션

일본은 물가가 지속적으로 하락하는 지속적인 디플레이션을 경험했습니다. 사람들이 미래에 더 낮은 가격을 예상했기 때문에 이로 인해 소비자 지출과 기업 투자가 위축되었습니다.

통화 정책

일본은행은 디플레이션을 퇴치하고 경제 성장을 촉진하기 위해 제로 금리 정책, 양적 완화 등 다양한 통화 정책으로 대응했습니다.

구조적 문제

일본은 인구 노령화, 경직된 노동 시장 등 경제 회복을 방해하는 구조적 문제를 안고 있었습니다.

좀비 기업

경제 혼란을 막기 위해 일부 실적이 저조한 기업을 은행 대출을 통해 유지함으로써 경제적 비효율을 초래했습니다.

정부 개입

일본 정부는 경제 성장을 재촉하기 위해 경기부양책과 공공사업 프로젝트를 도입했습니다.

잃어버린 10년은 일본의 경제 정책과 경제 정신에 지속적인 영향을 미쳤습니다. 이는 디플레이션 대처의 과제와 자산 거품 방지의 중요성을 강조했습니다. 궁극적으로 일본은 경제 위기 해결과 지속적인 성장을 위한 구조 개혁 실행에 관해 귀중한 교훈을 얻으며 이 시기부터 등장했습니다.

5. 닷컴버블(1990년대 후반)

1990년대 후반 '닷컴버블'은 인터넷의 성장에 힘입어 주식시장, 주로 기술 관련 기업을 중심으로 투기가 왕성했던 시기였습니다.

이 시대에 투자자들은 기술 기업, 특히 인터넷과 관련된 기업에 매료되었습니다. 이들 기업의 주가는 천문학적인 수준까지 치솟았습니다.

투자자들은 전통적인 가치 평가 지표가 더 이상 이들 회사에 적용되지 않는다고 믿었습니다. 현재의 이익보다는 잠재적인 미래 이익에 초점을 맞췄습니다.

이 기간 동안 금리는 상대적으로 낮았기 때문에 기업이 기술 확장 및 투자를 위해 돈을 빌리는 것이 더 저렴했습니다.

스타트업은 벤처 캐피탈 회사로부터 상당한 자금을 지원받아 기술 붐을 더욱 촉진했습니다. 많은 기술 기업이 IPO를 통해 공개되어 기술 열풍에 동참하려는 대중으로부터 막대한 투자를 유치했습니다.

투자자들이 기술 기업의 높은 가치에 대해 의문을 제기하기 시작하면서 2000년대 초반에 버블이 붕괴되었습니다. 많은 닷컴 회사가 파산하여 주식 시장이 붕괴되었습니다.

거품이 꺼지자 연준은 경제를 활성화하고 금융 시장을 안정시키기 위해 금리를 낮췄습니다. 이러한 낮은 금리는 거품 붕괴로 인한 경제적 여파를 완화하는 데 도움이 되었습니다.

닷컴버블은 과도한 투기의 위험성과 신중한 투자의 중요성에 대한 경고의 역할을 합니다. 이는 또한 금리 정책을 통해 경기 침체를 관리하는 중앙은행의 역할을 보여주었습니다. 주로 기술 관련 기업에 의해 주도되었던 주식 시장의 비합리적인 번영의 시기였습니다. 낮은 금리가 이러한 투기를 가능하게 하는 역할을 했으며, 그에 따른 거품의 붕괴는 광범위한 경제 안정화 노력의 일환으로 금리 조정으로 이어졌습니다. 이는 합리적인 투자 결정과 책임 있는 통화 정책의 필요성을 강조하면서 시장 경제에서 중추적인 사건으로 남아 있습니다.

6. 아시아 금융위기(1997)

1990년대 후반의 '아시아 금융 위기'는 영향을 받은 국가의 금리와 금융 시장에 심각한 영향을 미쳤습니다.

이번 위기는 아시아 국가들의 과도한 차입, 지속 불가능한 고정 환율, 취약한 금융 시스템 등 여러 요인이 복합적으로 작용하여 촉발되었습니다. 영향을 받은 아시아 통화에 대한 신뢰도가 약해지면서 그 가치가 크게 하락했습니다. 이로 인해 해당 통화의 안정성에 대한 신뢰가 상실되었습니다.

자국 통화를 방어하고 투자자의 신뢰를 회복하기 위해 영향을 받은 많은 국가는 금리를 극적으로 인상했습니다. 높은 금리는 외국 자본을 유치하고 통화 고정을 지원하기 위한 것이었습니다. 금리의 급격한 인상은 영향을 받는 경제에 심각한 영향을 미쳤습니다. 이는 경제 위축과 금융 불안정으로 이어졌습니다.

위기를 억제하기 위해 국제통화기금(IMF)과 같은 국제기구는 경제 개혁의 대가로 이들 국가에 재정 지원을 제공했습니다. 영향을 받는 국가의 투명성과 금융 안정성을 개선하기 위해 상당한 은행 부문 개혁을 촉발했습니다. 고통스러운 사건이었지만, 이로 인해 많은 아시아 국가의 금융 시스템이 더욱 탄력적이게 되었고 환율 및 차입 관리에 신중한 접근 방식이 적용되었습니다.

아시아 금융 위기는 금융 혼란 기간 동안 건전한 금융 규제, 환율 정책, 강력한 국제 지원 메커니즘의 필요성의 중요성을 강조했습니다. 환율 하락, 금리 폭등, 경제 혼란으로 얼룩졌습니다. 중앙은행은 통화 안정을 위해 금리를 인상했지만 위기는 궁극적으로 피해를 입은 경제에 심각한 영향을 미쳤으며 위기 상황에서 신중한 재정 관리와 국제 협력의 중요성에 대한 지속적인 교훈을 남겼습니다.

7. 글로벌 금융위기(2008)

2008년 '글로벌 금융 위기'(GFC)는 금리와 세계 경제에 큰 영향을 미친 중추적 사건이었습니다.

GFC는 위험한 모기지 대출 관행으로 인해 촉발된 미국 주택 거품의 붕괴로 인해 촉발되었습니다. 위기가 전개되면서 금융시장에 대한 신뢰가 심각하게 상실되었고, 이로 인해 신용 동결과 광범위한 유동성 부족이 발생했습니다. 미국 연방준비제도(Fed)를 비롯한 전 세계 중앙은행들은 공격적으로 금리를 인하해 대응하였습니다. 낮은 금리는 차입과 지출을 촉진하여 완전한 금융 붕괴를 방지하기 위한 것이었습니다.

중앙은행의 노력에도 불구하고 심각한 글로벌 경기 침체로 이어져 일자리 손실, 주택 압류, 사업 실패를 초래했습니다. 정부는 금융 시스템의 완전한 붕괴를 방지하기 위해 은행과 금융 기관에 대한 대규모 구제 금융에 개입했습니다. 중앙은행은 또한 경제에 유동성을 주입하기 위해 금융 자산을 구매하는 양적 완화와 같은 비전통적인 정책을 시행했습니다.

GFC는 금융 규제에 지속적인 영향을 미쳤으며 많은 국가에서 향후 유사한 위기를 방지하기 위해 더 엄격한 규칙을 시행했습니다.

이번 위기는 글로벌 금융 시장의 상호 연결성과 세심한 감독 및 위험 관리의 중요성을 강조했습니다.

글로벌 금융 위기는 금리를 낮추고 완전한 금융 붕괴를 방지하기 위한 중앙은행의 공동 노력으로 이어졌습니다. 이러한 조치는 상황을 안정시키는 데 도움이 되었지만 위기는 글로벌 경제에 지속적인 영향을 미쳐 금융 규제와 중앙은행이 경제 위기에 대응하는 방식을 재편했습니다.

8. 브렉시트(2016)

브렉시트(Brexit)는 영국이 유럽 연합을 탈퇴한다는 의미로, 영국(Britain)과 탈퇴(exit)를 합쳐서 만든 합성어입니다.

1975년 영국에서는 유럽 경제 공동체(EEC)의 잔류 여부를 묻는 국민투표가 실시되었고 약 67%가 잔류에 투표하면서 유럽 경제 공동체에 잔류하는 것으로 결론이 내려졌습니다.

그 후 2016년 다시 한번 국민투표가 시작되었고 그 결과 51.9%의 찬성으로 영국의 유럽 연합탈퇴가 확정되었다.

영국의 유럽연합(EU) 탈퇴 결정인 브렉시트는 금리와 시장경제에 여러 가지 영향을 미쳤습니다.

2016년 브렉시트 투표는 불확실성과 시장 변동성을 촉발시켰습니다. 불확실성은 투자자들이 금리에 영향을 미칠 수 있는 국채와 같은 자산으로 피난처를 찾게 되면서 안전을 향한 도피로 이어질 수 있습니다. 영국 중앙은행인 영란은행은 경제 안정과 성장을 지원하기 위해 브렉시트 투표 이후 금리를 인하하는 방식으로 대응했습니다.

브렉시트 과정으로 인해 영국 파운드 환율이 변동되었습니다. 파운드 약세는 인플레이션과 수입 비용에 영향을 미칠 수 있으므로 금리에 영향을 미칠 수 있습니다. 파운드화 가치 하락으로 인해 수입 인플레이션에 대한 우려가 높아졌으며, 이는 중앙은행이 물가 상승을 통제하기 위해 금리를 조정하게 만들 수 있습니다.

투자자 심리는 금리에 영향을 미칠 수 있습니다. 협상과 불확실성이 지속됨에 따라 시장 참가자들은 상황을 면밀히 관찰하여 금리 기대에 영향을 미쳤습니다. 브렉시트는 금리에 간접적으로 영향을 미칠 수 있는 무역 역학 및 투자 패턴의 변화를 포함하여 다양한 경제적 결과를 가져왔습니다. 금리에 미치는 장기적인 영향은 지속적인 경제 발전, 무역 협정, 정부 정책에 따라 달라집니다. 영국을 넘어 글로벌 금융 시장과 금리 역학에 잠재적인 파급 효과를 미치며 확장되었습니다.

브렉시트는 금리에 영향을 미칠 수 있는 불확실성과 변동성을 가져왔습니다. 중앙은행의 대응, 환율 변동 및 인플레이션 우려는 모두 이 기간 동안 금리 역학을 형성하는 데 중요한 역할을 했습니다. 브렉시트가 금리에 미치는 영향은 더 넓은 경제 환경에서 복잡하고 진화하는 측면으로 남아 있습니다.

9. COVID-19 팬데믹(2020)

팬데믹으로 인해 경제적 영향에 대응하기 위해 중앙은행이 또 한 차례 금리를 인하했습니다. 정부와 중앙은행은 전례 없는 경기부양책을 내놓았는데, 이는 금리와 인플레이션 기대에 영향을 미쳤습니다.

팬데믹의 갑작스러운 출현은 광범위한 불확실성과 시장 혼란을 가져왔고, 투자자들 사이에 안전을 향한 도피를 촉발시켰습니다. 미국 연방준비제도(Fed)를 비롯한 전 세계 중앙은행은 금리를 거의 0에 가까운 수준으로 신속하게 낮추는 방식으로 대응했습니다. 이는 어려운 시기에 경제적 안정을 지원하고 차입과 지출을 촉진하기 위해 수행되었습니다. 이러한 중앙은행의 조치에도 불구하고, 팬데믹이 기업과 경제에 미치는 영향에 대한 지속적인 불확실성으로 인해 금융 시장은 변동성을 경험했습니다.

많은 정부가 경기 침체에 대응하기 위해 부양책을 도입하여 국채 발행이 증가했습니다. 이는 국채 금리에 영향을 미칠 수 있습니다. 인플레이션 역학에 영향을 미쳤으며, 일정 기간 동안 디플레이션 압력이 가해졌고 그에 따른 인플레이션에 대한 우려도 있었습니다. 중앙은행은 금리 정책을 설정할 때 이러한 추세를 면밀히 모니터링했습니다.

일부 지역에서는 저금리가 주택 시장 수요를 촉진하여 부동산 가격 상승에 기여했습니다. 팬데믹 기간 동안의 투자 심리는 금리 기대치와 채권 수익률에 영향을 미쳤습니다. 많은 중앙은행이 경제 회복과 인플레이션 추세를 주의 깊게 모니터링하면서 팬데믹이 금리에 미치는 장기적인 영향이 여전히 전개되고 있습니다.

중앙은행이 위기의 금융 및 경제적 영향을 관리하기 위해 협력함에 따라 팬데믹은 글로벌 경제 조정의 중요성을 강조했습니다.

COVID-19 팬데믹으로 인해 전 세계 중앙은행은 경제적 어려움에 대응하기 위해 금리를 급속히 인하했습니다. 금융 시장, 인플레이션 및 투자자 행동에 대한 결과적인 영향은 위기 기간 동안 금리와 광범위한 경제 상황 간의 복잡한 관계를 강조했습니다.

02

환율

1) 환율^{exchange rate}란 무엇인가요

환율은 한 통화를 다른 통화로 교환할 수 있는 비율입니다. 환율은 다른 국가의 통화에 대한 한 국가의 통화 가치를 나타냅니다. 환율은 통화를 사고 파는 외환시장^{foreign exchange market}에서 서로 다른 통화의 상대적 가치를 결정하는 데 사용됩니다.

환율은 다양한 방법으로 표시할 수 있지만 가장 일반적인 방법은 외화 1단위의 가치를 국내 통화로 표시하는 것입니다. 미국 달러^{USD}나 일본 엔^{JPY}과 같은 다른 통화와 비교하여 1원^{KRW}의 가치가 얼마나 되는지 알려줍니다.

간단히 예를 들면 당신이 일본 여행을 계획 중이고 일본 엔^{JPY}을 구매하여 음식이나 물건을 산다고 가정해 봅시다. 환전소에 가면 환율은 1,000원/100엔 입니다. 즉, 한국돈 1,000원을 환전하면 일본엔 100엔을 받게 됩니다.

환율은 다음과 같은 다양한 요인으로 인해 자주 변동될 수 있습니다.

1. 수요와 공급

환율은 현지 시장의 상품 가격과 마찬가지로 수요와 공급의 영향을 받습니다. 일본으로 휴가를 가려고 일본 엔화를 사려는 사람이 많으면 엔화 수요가 증가하여 원화 대비 환율이 상승합니다.

2. 통화 가치 상승과 하락

엔화 환율이 1,000원/100엔에서 1,000원/110엔으로 상승하면 엔화가 원화 대비 절상(강세)된 것을 의미합니다. 이제 같은 금액의 원화로 더 많은 엔화를 받을 수 있습니다. 같은 금액의 원화로 더 많은 일본 상품을 살 수 있기 때문에 일본을 여행하는 한국 여행객에게 유리합니다.

반면 환율이 1,000원/90엔이 되면 원화 대비 엔화 가치가 하락(약세)했다는 뜻입니다. 한국 여행객이 원화로 구매할 수 있는 엔화가 줄어들기 때문에 일본여행 비용은 더 비싸집니다.

3. 환율에 영향을 미치는 요인

- 금리 : 한국이 일본에 비해 예금 금리가 높으면 더 많은 외국인 투자자가 자금을 원화로 전환하여 원화 수요가 증가하고 잠재적으로 원화 가치가 상승할 수 있습니다.

- 경제 상황 : 한국의 강력한 경제 성장은 외국인 투자를 유치하여 원화에 대한 수요를 다시 증가시킬 수 있습니다. 반대로 일본이 경기 침체를 겪으면 엔화가 약세를 보일 수 있습니다.
- 정부 조치 : 한국은행은 금리를 변경하거나 외환시장에서 원화를 사고 파는 방식(매수/매도)으로 환율에 영향을 줄 수 있습니다.

4. 일상생활에 미치는 영향

환율은 여러 가지 방식으로 일반인의 생활에 영향을 미칩니다.

해외여행을 할 때 원화를 현지 통화로 환전해야 하는데, 환율이 얼마를 받을 수 있는지를 결정합니다.

수출입 가격이 영향을 받아 전자제품이나 자동차 등 구입하는 제품의 가격에 영향을 미칠 수 있습니다.

상품을 수입하거나 수출하는 회사는 환율에 따라 가격을 조정할 수 있으며, 이는 예산에 영향을 줄 수 있습니다.

5. 환율에 관심을 가지세요

여행 중이거나 국제 거래를 하는 경우 환율을 모니터링하는 것이 좋습니다. 금융 뉴스, 환전 앱 또는 은행을 통해 환율을 확인할 수 있습니다.

환율은 글로벌 시장에서 통화의 가격과 같습니다. 환율은 여행 경비부터 수입품 가격에 이르기까지 일상생활에 영향을 미칠 수 있으며 수요와 공급, 경제 상황, 정부 정책의 영향을 받습니다. 환율을 이해하면 정보를 활용하여 재무 결정을 내리는 데 도움이 될 수 있습니다.

< 원/달러 환율(종가) >

<출처 : 한국은행 경제통계시스템>

2) 환율을 꼭 알아야 하나요

환율은 시장경제에서 중요한 개념 중 하나입니다. 환율은 간단히 말해 한 나라의 통화가 다른 나라의 통화와 어떤 비율로 교환되는지를 나타내는 것입니다. 이것이 왜 중요한지에 대해 자세히 설명해 드리겠습니다.

1. 국제 무역

환율은 국제 무역에 큰 영향을 미칩니다. 예를 들어, 한국에서 생산된 제품을 미국에 수출한다고 가정해 봅시다. 만약 한국 원화가 미국 달러에 대해 강세를 보인다면, 한국 제품이 미국에서 더 비싸져 미국 소비자들은 한국 제품을 구매하기 어려워집니다. 그 결과로 한국의 수출이 줄어들 수 있습니다.

- 수출과 수입 : 국제 무역은 주로 두 가지 요소로 이루어집니다. 첫 번째는 수출입니다. 이것은 한 나라에서 생산된 상품과 서비스를 다른 나라로 판매하는 과정을 의미합니다. 두 번째는 수입입니다. 이것은 다른 나라에서 생산된 상품과 서비스를 자국으로 가져오는 과정을 나타냅니다.

- 무역 흑자와 무역 적자 : 어떤 나라가 수출보다 더 많은 것을 수입할 때, 그 나라는 무역 적자를 가지게 됩니다. 반대로 수출이 수입보다 많을 때는 무역 흑자를 가지게 됩니다. 무역 흑자와 적자는 그 나라의 무역 잔고를 나타내며, 이는 그 나라의 경제 건강 상태를 나타내는 중요한 지표 중 하나입니다.

- 국제 무역 협정 : 다양한 국제 무역 협정과 조약이 존재합니다. 그 중 가장 잘 알려진 것은 세계 무역 기구WTO의 협정입니다. 이러한 협정은 국제 무역을 원활하게 이루어지도록 규제하고 보호하는 데 도움을 줍니다. 무역 협정은 관세와 비관세 장벽을 포함하며, 자유 무역을 촉진하고 무역 분쟁을 조정하는 데 사용됩니다.

- 국제 분업 : 국제 무역은 국가 간에 생산과 소비를 분업시키는데 중요한 역할을 합니다. 각 나라는 자국의 강점과 자원을 활용하여 특정 상품이나 서비스를 생산하고 다른 나라로 수출합니다. 이로 인해 효율성이 증가하고 다양한 상품과 서비스에 접근할 수 있게 됩니다.

- 경제 성장과 일자리 : 국제 무역은 경제 성장과 일자리 창출에 긍정적인 영향을 미칠 수 있습니다. 무역을 통해 수출이 증가하면 생산

량과 수익이 늘어나며, 이는 새로운 일자리를 창출할 수 있습니다. 또한 다양한 상품과 서비스에 접근할 수 있으므로 소비자에게 다양성과 저렴한 가격 혜택을 제공합니다.

2. 여행 및 외국 투자

환율은 여행과 외국 투자에도 영향을 미칩니다. 예를 들어, 한국에서 미국으로 여행을 가거나, 미국에서 한국으로 투자를 할 때, 환율 변동이 비용과 수익에 영향을 미칩니다. 환율이 유리한 상태에서 환전하거나 투자하면 더 많은 가치를 얻을 수 있습니다.

3. 경제 안정성

환율은 한국의 경제 안정성과도 관련이 있습니다. 너무 큰 환율 변동은 경제에 불안을 초래할 수 있으며, 정부와 중앙은행은 이를 관리하려고 노력합니다. 안정된 환율은 투자를 유치하고 경제 성장을 촉진할 수 있습니다.

4. 물가

환율 변동은 수입품의 가격에 영향을 미칠 수 있습니다. 예를 들어, 원화가 약세를 보이면 외국 제품이 비싸져서 소비자 물가가 상승할 수 있습니다.

- 인플레이션과 디플레이션 : 물가는 인플레이션과 디플레이션의 개념과 관련이 있습니다. 인플레이션은 물가가 오르는 현상을 나타냅

니다. 즉, 동일한 상품이나 서비스를 구매할 때 더 많은 돈을 지불해야 하는 상황을 말합니다. 반대로 디플레이션은 물가가 하락하는 현상을 의미합니다. 이 경우 동일한 상품이나 서비스를 더 저렴하게 구입할 수 있습니다.

- 소비자 물가지수 : 물가를 측정하기 위한 주요 지표 중 하나는 소비자 물가지수[CPI]입니다. CPI는 특정 시기의 일련의 상품과 서비스 가격을 추적하고 이를 기반으로 소비자의 일반적인 가격 수준을 나타냅니다. CPI가 상승하면 인플레이션의 조짐이 나타난다고 볼 수 있습니다.

- 생산자 물가지수 : 또 다른 중요한 지표로 생산자 물가지수[PPI]가 있습니다. 이것은 생산자가 생산하는 상품과 서비스의 가격 변동을 측정하며, 이것은 생산 부문에서의 가격 변화를 보여줍니다. PPI는 소비자에게 물가 상승을 예고하는 조기 지표로 사용될 수 있습니다.

- 물가상승의 영향 : 물가 상승은 경제에 다양한 영향을 미칩니다. 물가가 빠르게 상승하면 소비자들은 더 많은 돈을 지출해야 하므로 생활비 부담이 늘어납니다. 물가상승은 물가고정 수입을 가진 개인에게는 더 큰 부담을 주지만, 부동산 소유자나 자산을 보유한 사람에게는 가치 상승의 혜택을 줄 수 있습니다.

- 정부와 중앙은행의 대응 : 정부와 중앙은행은 물가 상승과 디플레이션을 조절하기 위해 다양한 정책을 시행합니다. 이러한 정책은 통화 공급 조절, 금리 조정, 경제 활동 지원 등을 포함합니다. 목표는 안정적인 물가 수준을 유지하고 경제를 지원하는 것입니다.

환율은 국제 무역, 여행, 투자, 경제 안정성, 물가 등 여러 측면에서 우리 일상생활과 경제에 큰 영향을 미치는 중요한 요소 중 하나입니다. 환율 변동을 주시하고 이해한다면 개인과 국가의 경제 관리에 도움이 될 것입니다.

3) 환율은 어떻게 결정되나요

환율은 한 나라의 통화가 다른 나라의 통화와 교환되는 비율을 나타내는 것으로, 시장 경제에서 다양한 요소에 의해 결정됩니다. 이를 쉽게 이해하기 위해 몇 가지 핵심 개념을 설명해 보겠습니다.

1. 수요와 공급

환율은 기본적으로 수요와 공급의 상호작용에 의해 결정됩니다. 한국 원화를 다른 통화와 교환하려는 사람들이 있는 동안 그 수요와 똑같이 다른 통화를 원화로 교환하려는 사람들도 있을 것입니다. 이런 수요와 공급의 균형 상태에서 환율이 결정됩니다.

2. 금리

한국의 중앙은행이 정한 기준 금리는 한국의 통화 가치에 영향을 미칩니다. 높은 이자율은 외국 투자자들이 한국으로 자금을 이전하려고 할 것이므로 원화의 가치가 상승할 수 있습니다.

3. 경제 상황

한국의 경제 상황도 환율에 영향을 미칩니다. 경제가 성장하고 안정되면 외국 투자가 늘어나고 국내 통화에 대한 신뢰도가 높아져 원화의 가치가 상승할 수 있습니다.

4. 국제 무역

국제 무역도 환율에 영향을 미칩니다. 한국이 다른 나라와의 무역 수지에서 흑자를 유지한다면, 외국에서 한국 제품을 수입하기 위해 원화가 필요하므로 원화의 수요가 증가할 수 있습니다.

5. 정부의 개입

정부나 중앙은행은 때때로 환율을 안정시키기 위해 시장에 개입하기도 합니다. 이를 통해 급격한 환율 변동을 제어하려고 노력하며, 이러한 개입은 장기적인 환율 결정에도 영향을 미칠 수 있습니다.

환율은 수요와 공급, 금리, 경제 상황, 국제 무역, 정부의 개입 등 다양한 요소에 의해 결정됩니다. 이러한 요소들이 상호작용하며 시장에서 환율이 형성됩니다. 따라서 환율은 복잡한 경제 상황을 반영하고 다양한 요소에 영향을 받는 중요한 경제 지표 중 하나입니다.

환율과 국제수지

환율과 국제수지 간의 관계를 이해하기 위해, 먼저 두 개념을 각각 설명하고 그들 간의 상호작용을 이해해 보겠습니다.

1. 환율은 한 나라의 통화와 다른 나라의 통화 간의 교환 비율을 나타내는 것입니다. 예를 들어, 한국 원화^{KRW}를 미국 달러^{USD}로 얼마에 환전할 수 있는지를 나타내는 것이 환율입니다. 환율은 시장에서 수요와 공급에 의해 결정되며, 다양한 요소가 환율을 영향을 미칩니다. 이것은 국제 무역, 여행, 투자 등 다양한 경제 활동에 영향을 미치는 중요한 지표 중 하나입니다.

2. 국제수지는 한 나라와 다른 나라 간의 모든 경제 활동을 종합적으로 기록한 것입니다. 국제수지는 일반적으로 세 가지 주요 부문으로 나뉩니다.

- 무역수지 : 국가의 수출과 수입을 나타냅니다. 어떤 나라가 다른 나라로부터 물건을 수입하는지, 무엇을 수출하는지의 차이가 무역수지를 형성합니다. 무역흑자는 수출이 수입보다 많을 때 나타나고, 무역적자는 수입이 수출보다 많을 때 발생합니다.
- 자본수지 : 외국에서 들어오는 자본과 나가는 자본을 기록합니다. 자본수지는 외국 투자, 주식 및 채권 거래, 외환 보유량의 변화 등을 포함합니다.

· 금융수지 : 국제금융 거래와 관련된 수입 및 지출을 나타냅니다. 이에는 이자, 배당, 외환 거래 등이 포함됩니다.

이제 환율과 국제수지 간의 관계를 설명해 보겠습니다.

1. 무역수지와 환율

무역수지의 흑자 또는 적자는 환율에 영향을 미칩니다. 무역흑자가 발생하면, 한국은 다른 나라로부터 더 많은 외화를 얻게 되고, 이로 인해 원화의 수요가 늘어나 원화가 강세를 보일 수 있습니다. 반대로 무역적자가 발생하면, 외화가 더 필요하므로 원화의 수요가 줄어들어 원화가 약세를 나타낼 수 있습니다.

2. 자본수지와 환율

자본수지는 외국에서의 투자와 관련이 있으며, 외국 투자자가 한국으로 자본을 투자하면 한국 원화가 강세를 보일 수 있습니다. 이는 외국 자본이 한국으로 유입되면 원화의 수요가 늘어나기 때문입니다.

3. 금융수지와 환율

금융수지도 환율에 영향을 미칠 수 있습니다. 예를 들어, 한국의 금융 기업이 외환 거래를 통해 수익을 올리면, 해당 외화가 한국으로 유입되고 원화의 수요가 증가할 수 있습니다.

국제수지는 한국과 다른 나라 간의 경제 활동을 종합적으로 나타내며,

무역, 자본, 금융 부문에 따라 다양한 요소가 환율에 영향을 미칠 수 있습니다. 이러한 관계를 이해하면 환율 변동과 국제수지 상황을 더 잘 이해할 수 있습니다.

4) 환율 변동시 개인한테 어떤 영향을 미치나요

환율 변동은 개인에게 다양한 영향을 미칩니다.

1. 여행비용

환율 변동은 해외여행 비용에 영향을 미칩니다. 예를 들어, 한국 원화가 다른 통화에 비해 강세를 보이면, 한국에서 해외여행을 가는 사람들은 외화를 더 많이 얻을 수 있으므로 해외여행이 더 저렴해집니다. 그러나 반대로 원화가 약세를 나타내면, 여행비용이 더 많이 들 수 있습니다.

환율 변동이 여행비용에 어떻게 영향을 미치는지 설명해 드리겠습니다.

강한 원화 vs 약한 원화

먼저, 한국 원화가 다른 통화에 비해 강한 경우를 생각해 봅시다. 이는 1달러당 원화로 환전할 때 더 많은 원화를 받게 되는 상황을 의미합니다. 예를 들어, 1 USD = 1,000 KRW일 때, 1,000 KRW로 1달러를 환전할 수 있습니다.

- 강한 원화(강환율) : 여행객으로서 여행을 준비하는 경우, 여행 목적지인 외국의 물가가 상대적으로 낮아집니다. 왜냐하면 여행자는 같은 양의 원화로 더 많은 외화를 얻을 수 있으므로 외국에서 더 많은 물건을 구입할 수 있습니다. 이로 인해 여행 비용이 상대적으로 저렴해질 수 있습니다.

약한 원화 vs 강한 원화

이제 반대 상황을 생각해 봅시다. 한국 원화가 다른 통화에 비해 약할 때, 1달러당 원화로 환전할 때 더 많은 원화를 지불해야 합니다. 예를 들어, 1 USD = 1,500 KRW일 때, 1,500 KRW로 1달러를 환전해야 합니다.

- 약한 원화(약환율) : 여행객으로서 여행을 준비하는 경우, 여행 목적지인 외국의 물가가 상대적으로 높아집니다. 왜냐하면 여행자는 같은 양의 원화로 더 적은 외화를 얻을 수 있으므로 외국에서 물건을 구입하는 데 더 많은 원화가 필요합니다. 이로 인해 여행 비용이 더 비쌀 수 있습니다.

2. 수입 상품 가격

환율 변동은 수입된 상품의 가격에도 영향을 미칩니다. 예를 들어, 원화가 강세를 보이면 외국 제품은 한국에서 더 저렴해집니다. 그러므로 외국 제품을 구입하는 개인은 혜택을 누릴 수 있습니다. 그러나 원화가 약세를 나타내면, 수입 상품은 비싸져서 소비자에게 추가 비용이 발생할 수 있습니다.

환율 변동이 수입 상품 가격에 어떻게 영향을 미치는지 설명해 드리겠습니다.

강한 원화 vs 약한 원화

먼저, 한국 원화가 다른 통화에 비해 강할 때를 생각해 봅시다. 이는 1달러당 원화로 환전할 때 더 많은 원화를 받게 되는 상황을 의미합니다.

- 강한 원화(강환율) : 외국 상품의 가격은 상대적으로 낮아집니다. 왜냐하면 같은 외화로 더 많은 원화를 얻을 수 있기 때문입니다. 이로 인해 수입 상품은 더 저렴하게 제공될 가능성이 높아집니다.

약한 원화 vs 강한 원화

이제 반대 상황을 생각해 봅시다. 한국 원화가 다른 통화에 비해 약할 때, 1달러당 원화로 환전할 때 더 많은 원화를 지불해야 합니다.

- 약한 원화(약환율) : 외국 상품의 가격은 상대적으로 높아집니다. 왜냐하면 같은 외화로 더 적은 원화를 받기 때문입니다. 이로 인해 수입 상품은 더 비싸게 제공될 가능성이 높아집니다.

3. 외국 투자

환율은 외국 투자에도 영향을 미칩니다. 예를 들어, 원화가 강세를 보이면 한국으로의 외국 투자가 유혹적으로 늘어날 수 있습니다. 외국 투자자들은 원화로 자산을 살 때 더 많은 외화를 얻을 수 있기 때문입니다.

4. 경제 안정성

환율 변동은 국가의 경제 안정성에도 영향을 미칩니다. 급격한 환율 변동은 경제에 불안을 초래할 수 있으며, 이는 개인의 금융 안정성에도 영향을 미칠 수 있습니다. 이에 대비하여 개인들은 금융 계획을 조정해야 할 수도 있습니다.

5. 투자 수익

개인이 주식이나 채권 등에 투자한 경우, 환율 변동은 투자 수익에도 영향을 미칩니다. 예를 들어, 외국 주식을 보유하고 있다면 해당 나라의 통화 가치 변동에 따라 투자 수익이 변할 수 있습니다.

환율 변동은 여행비용, 수입 상품 가격, 외국 투자, 경제 안정성, 투자 수익 등 다양한 측면에서 개인의 경제 상황과 금융 계획에 영향을 미칠 수 있습니다. 개인은 환율 변동에 대비하여 자신의 금융 전략을 조정하는데 유의해야 합니다.

5) 환율은 예측 가능한가요

환율의 예측은 매우 어려운 과제이며, 경제학의 관점에서도 예측하기 어렵습니다. 이유는 다양한 요인과 복잡한 상황이 환율에 영향을 미치기 때문입니다. 아래에서 환율 예측의 어려움을 설명하겠습니다.

1. 다양한 영향 요인

환율은 다양한 요인에 의해 결정됩니다. 경제 지표, 정치적 상황, 금리 변동, 국제 무역 등 많은 변수들이 환율에 영향을 미칩니다. 이러한 다양한 영향 요인들은 상호작용하며 예측을 어렵게 만듭니다.

2. 정보 부족

예측 모델을 만들 때 필요한 모든 정보를 수집하고 분석하는 것은 어렵습니다. 또한 중요한 정보가 공개되기 전에 미리 알 수 없는 경우가 있습니다. 이로 인해 예측 모델이 부정확해질 수 있습니다.

환율에서 정보 부족은 일반인들이 시장 경제와 환율에 대한 이해를 어렵게 만드는 요소 중 하나입니다.

정보 부족의 의미

정보 부족은 시장 참여자들이 환율에 영향을 미치는 요소들에 대한 정보를 완전하게 파악하기 어렵다는 것을 의미합니다. 환율은 다양한 요인에 영향을 받으며, 이러한 요인들은 글로벌한 경제 상황과 정책 변화에 따라 계속 변화합니다.

정보 부족의 원인

정보 부족은 다음과 같은 이유로 발생할 수 있습니다.

- 다양성 : 환율에 영향을 주는 요인들은 다양하고 복잡합니다. 경제 지표, 정책 결정, 국제 무역 등 다양한 분야의 정보가 필요합니다.

- 불확실성 : 미래의 경제 상황이나 정책 변화는 예측하기 어렵습니다. 이로 인해 예측 모델들도 불확실성을 고려해야 합니다.
- 정보의 비대칭성 : 일부 정보는 정부나 중앙은행 등의 기관이 가지고 있으며, 이 정보가 일반 시장 참여자들에게 제공되지 않을 수 있습니다.

정보 확보와 의사 결정

정보 부족을 극복하려면 개인들이 정부 정책, 경제 지표, 국제 무역 동향 등에 대한 정보를 확보하고 최신 정보에 주의를 기울이는 것이 중요합니다. 이러한 정보를 기반으로 개인의 금융 결정을 내릴 때, 정보 부족으로 인한 불확실성을 최소화할 수 있습니다.

정보 부족은 환율에 대한 이해를 어렵게 만드는 요소 중 하나로, 다양하고 불확실한 정보가 환율 결정에 영향을 미친다는 점을 인식하고 최신 정보를 확보하여 금융 결정을 내릴 때 유의해야 합니다.

3. 외부 요인

한국의 환율은 국제적인 요인에도 영향을 받습니다. 다른 나라의 경제 상황, 정책 변화, 국제 무역 협상 등은 한국의 환율에 영향을 미칠 수 있습니다.

< 환율 예측(다양한 영향요인) >

영향 요인	설 명
경제지표	경제지표는 한국의 경제 상황을 나타내는 데이터입니다. 예를 들어 GDP 성장률, 실업률, 소비자물가지수 등이 있습니다. 좋은 경제 지표가 발표되면 외국인 투자 유입이 증가하여 원화 가치를 상승시킬 수 있습니다. 반대로 나쁜 지표가 발표되면 원화 가치가 하락할 수 있습니다.
경상수지	한국의 수출과 수입 사이의 차이를 나타내는 지표입니다. 경상수지 흑자가 크면 외국으로부터 환전을 많이 받아야 하므로 원화가 강세가 될 가능성이 높습니다.
정치 / 사회적요소	정치나 사회적 이슈 (예 : 대외 관계, 내정 안정성 등) 가 변동하면 시장 신뢰도와 외국인 투자 의사결정에 영향을 미칠 수 있으며, 따라서 환율 변동에 영향을 줄 수 있습니다.
금리 변동	국내와 해외의 금리 차이가 확대될수록 외국인들은 국내 자산에 투자하려고 할 것입니다. 이로 인해 외화 수요가 증가하여 원화 가치가 하락할 수 있습니다.
국제 무역	한국의 수출과 수입 사이의 차이를 나타내는 경상수지 및 무역갤런스도 환율에 영향을 줄 수 있습니다. 경상수지 흑자나 무역갤런스 증가는 원화 강세를 유발할 가능성이 있으며, 그 반대로 적자일 경우 원화 약세를 유발할 가능성도 있습니다.
경기 전망	한국 경제의 전반적인 성장 전망에 따라 환율도 변동할 수 있습니다. 호조적 전망일 경우 외국인들의 투자 유입이 증가하여 원화 강세를 유발할 가능성이 있으며, 그 반대로 악재 예상 시 원화 약세를 유발할 가능성도 있습니다.

위의 표에서 제시된 요인들은 실제로 복잡한 상호작용과 다른 추가적 요소들과 함께 작용합니다. 그러나 이러한 간단한 설명을 통해 일반인들은 시장경제학적 관점에서 어떤 요소들이 환율 변동에 영향을 미칠 수 있는지 대략적으로 이해할 수 있을 것입니다.

환율은 매우 복잡하고 예측하기 어려운 주제입니다. 따라서 실제로 환전 또는 외환거래를 할 때는 실시간 정보와 전문가 의견을 참고하는 것이 좋습니다.

4. 갑작스러운 사건

예측 모델은 갑작스러운 사건에 대한 대응이 어렵습니다. 금융 위기, 정치적 불안, 자연 재해 등 예측할 수 없는 사건들은 환율을 예측하는 데 영향을 미칠 수 있습니다.

5. 시장 심리

환율은 때때로 시장 참여자들의 심리와 감정에 영향을 받습니다. 이러한 감정적 요소는 예측 모델에서 고려하기 어려운 부분입니다.

그럼에도 불구하고, 시장 분석가들은 경제 지표, 정책 결정, 국제 무역 동향 등을 분석하여 환율 변동의 방향을 대략적으로 예측하려고 노력합니다. 하지만 정확한 예측은 어려운 일이며, 환율 변동에 대한 높은 수준의 불확실성이 존재합니다. 따라서 환율 예측을 기반으로 금융 계획을 세울 때는 항상 리스크를 고려해야 합니다.

6) 환율에 투자할려면 어떻게 해야 하나요

환율에 투자하려면 주의 깊게 고려해야 할 사항들이 있습니다. 환율 투자를 고려할 때 다음 단계를 따르면 도움이 될 것입니다.

1. 기본 지식 습득

환율 투자에 앞서 기본적인 환율 지식을 습득해야 합니다. 환율은 어떻게 결정되는지, 환율 변동의 주요 원인은 무엇인지, 한국의 경제 상황과 국제적인 영향 요인에 대한 이해가 필요합니다.

기본적인 환율 지식에 대해 알아보겠습니다.

< 환율의 의미와 종류 >

구 분	의 미
환율	한 나라의 통화를 다른 나라의 통화로 환전할 때 적용되는 비율이나 가격을 말합니다.
외환시장	통화 거래가 이루어지는 시장으로, 외국 화폐 간의 교환과 관련된 거래가 발생하는 장소입니다.
기준환율	중앙은행이나 정부에서 공식적으로 제시하는 기준이 되는 환율로, 일반적으로 경제 안정을 유지하기 위해 사용됩니다.
실시간 환율	현재 시점에서 실제 거래소에서 발생한 가격에 따라 계산되는 환율로, 실제 거래 상황에 따라 변동합니다.
매매환율	은행이나 금융 기관에서 제공하는 외화를 구매하거나 판매할 때 적용되는 환전 비율입니다.
파실때/ 사실때	현찰을 구입할 때와 팔 때 적용되는 현찰환전 비율로, 현금으로 직접 외화를 교환할 때 사용됩니다.
송금환율	해외로 송금할 경우 적용되는 환전 비율로, 송금 수수료 등의 추가 요소도 고려됩니다.

위의 표에 나열된 종류들은 일반적인 용어와 개념을 설명한 것입니다. 실제로 사용되는 종류들은 상황과 목적에 따라 다양하게 있을 수 있습니다. 환율은 금리 변동, 경기 전망, 정치/사회적 요인 등 다양한 요소에 영향을 받으며 시장 상황에 따라 지속적으로 변동합니다.

환율의 의미와 종류 이해하기

- 환율 : 환율은 한 나라의 통화를 다른 나라의 통화로 환전할 때 적용되는 교환 비율을 의미합니다. 예를 들어, 한국 원화)를 미국 달러로 환전할 때의 비율이 환율입니다.
- 직접 환율과 간접 환율 : 한국에서는 주로 미국 달러와의 환율을 다룹니다. 이를 직접 환율이라고 합니다. 간접 환율은 미국 달러 대신 다른 외국 통화와의 환율을 말합니다.

환율 결정 요인 이해하기

- 금리 : 한국의 중앙은행이 정하는 기준 금리는 한국 원화의 가치에 영향을 미칩니다. 높은 기준 금리는 외국 투자자들에게 더 많은 이자 수익을 제공하므로 한국 원화의 수요가 증가할 수 있습니다.
- 경제 상황 : 한국의 경제 성장률, 실업률, 인플레이션율 등은 환율에 영향을 미칩니다. 경제가 안정되고 성장하는 경우에는 외국 투자가 증가하고 원화가 강세를 보일 수 있습니다.
- 무역 수지 : 한국이 다른 나라와의 국제 무역에서 얻는 무역 흑자 또는 적자는 환율에 영향을 미칩니다. 무역흑자가 있을 때 다른 나라는 한국 제품을 구매하기 위해 원화가 필요하므로 원화의 수요가 증가할 수 있습니다.

환율 투자 방법 이해하기

- 환율 변동 예측 : 환율 변동 방향을 예측하여 환율 변동에 따른 이

익을 얻으려는 투자 방법입니다. 이를 위해 시장 분석과 정보 수집이 필요합니다.

- 외환 거래Forex Trading : 외환 시장에서 통화를 사고 팔아 환율 변동에 따른 이익을 얻으려는 투자 방법입니다. 외환 거래 계정을 개설하여 거래할 수 있습니다.

- 외환 투자 펀드 : 외환 시장에 자금을 투자하는 펀드를 활용하는 방법입니다. 펀드 관리자가 환율 투자를 대신 수행하며, 투자자는 펀드에 참여합니다.

환율에 투자하기 전에 위의 기본 지식을 습득하고, 자신의 투자 목표와 위험 관리 계획을 세워야 합니다. 또한, 전문가의 조언을 듣거나 투자 경험이 있는 사람들과 의견을 나누는 것이 도움이 될 수 있습니다. 투자는 항상 위험이 따르므로 신중하게 고려하고 투자 결정을 내리는 것이 중요합니다.

2. 투자 목표 설정

환율 투자의 목표를 명확하게 설정해야 합니다. 환율을 장기 투자로 보고 원화의 가치 상승 또는 하락에 따라 이익을 얻으려는 것인지, 단기적인 환차익을 위한 거래로 사용하려는 것인지를 결정해야 합니다.

투자 목표 설정에 대해 알아보겠습니다.

투자 목표의 중요성 이해하기

- 수익 목표 : 투자의 가장 일반적인 목표 중 하나는 수익을 얻는 것입니다. 환율 변동을 예측하여 원화의 가치 상승 또는 하락에 따라 이익을 얻으려는 목표를 설정할 수 있습니다.
- 자산 다변화 목표 : 환율에 투자하는 목표 중 하나는 자산 다변화입니다. 다양한 자산에 투자하여 투자 포트폴리오의 리스크를 분산하고 안정성을 높이는 것이 목표입니다.
- 헤지 목표 : 비즈니스나 개인의 환율 리스크를 관리하기 위해 헤지 목표를 설정하기도 합니다. 환율 변동에 따른 손실을 최소화하기 위해 원화의 가치 상승 또는 하락에 따라 헤지를 수행하는 목표입니다.

투자 기간 결정하기

- 단기 vs 장기 투자 : 투자 목표를 설정할 때 투자 기간을 고려해야 합니다. 환율 변동을 예측하고 그에 따른 수익을 얻으려면 단기 또는 장기 투자 중 어떤 것을 선택할 것인지를 결정해야 합니다.

리스크 허용 수준 파악하기

- 리스크 허용 수준 : 투자 시 얼마나 많은 리스크를 감수할 수 있는지를 고려해야 합니다. 환율 변동은 높은 리스크를 내포하므로 리스크 허용 수준을 결정하고 그에 따른 투자 결정을 내려야 합니다.

자금 관리 계획 수립하기

· 투자 자금 : 투자 목표와 리스크 허용 수준을 고려하여 얼마의 자금을 투자로 사용할 것인지를 결정해야 합니다. 투자 금액을 미리 설정하고 투자 금액을 넘지 않도록 관리하는 것이 중요합니다.

환율에 투자하기 전에 명확한 목표와 계획을 갖는 것이 중요합니다. 투자 목표를 설정하고 자금 관리 계획을 세우면 투자를 보다 효과적으로 수행할 수 있으며, 이는 투자의 성공에 큰 영향을 미칠 수 있습니다.

3. 위험 관리

환율 투자는 높은 위험 요소를 내포하므로, 투자금의 크기를 결정하고 가능한 손실을 관리하는 방법을 고려해야 합니다. 투자금의 일부만을 사용하거나 스톱-로스 주문과 같은 위험 관리 도구를 활용할 수 있습니다.

투자자가 손실을 최소화하고 투자를 안정적으로 수행하기 위해 필요한 요소 중 하나입니다.

위험 관리에 대해 알아보겠습니다.

위험 이해하기

· 시장 리스크 : 환율은 일정 기간 동안 크게 변동할 수 있으므로 시장 리스크가 존재합니다. 환율은 다양한 요인에 의해 영향을 받기 때문에 예측하기 어려운 경우가 많습니다.

- 평가 손실 : 투자 포지션의 원화 가치가 하락하면 평가 손실이 발생합니다. 즉, 현재 보유 중인 투자의 가치가 감소합니다.
- 오퍼레이션 리스크 : 외환 거래나 투자를 수행할 때 특정한 거래소나 플랫폼을 사용하게 됩니다. 이러한 시스템의 장애 또는 문제로 인해 손실이 발생할 수 있습니다.

위험 관리 방법

- 포지션 크기 조절 : 투자 포지션의 크기를 조절하여 위험을 관리할 수 있습니다. 즉, 투자 금액을 제한하고 리스크를 분산시키는 것이 중요합니다.
- 스톱-로스 주문 사용 : 스톱-로스 주문은 특정한 환율 수준에 도달하면 자동으로 포지션을 매도하도록 하는 주문입니다. 이를 통해 최대 손실을 제한할 수 있습니다.
- 다변화 : 환율에 투자할 때 다양한 화폐에 분산 투자하는 것이 중요합니다. 이를 통해 한 화폐의 가격 변동이 전체 포트폴리오에 큰 영향을 미치지 않도록 할 수 있습니다.
- 정보 수집과 분석 : 환율 시장을 지속적으로 모니터링하고 관련 정보를 수집하여 분석하는 것이 중요합니다. 이를 통해 변동성을 예측하고 적시에 조치를 취할 수 있습니다.

전문가와 상담

환율 투자는 전문적인 도움이 필요한 경우가 많습니다. 금융 컨설턴트나 은행의 외환 전문가와 상담하여 투자 전략을 개발하고 위험 관리 방법을 익히는 것이 좋습니다.

환율에 투자할 때는 위험을 신중하게 평가하고 관리하는 것이 중요합니다. 특히 투자 목표와 리스크 허용 수준에 따라 위험 관리 전략을 세우고 이를 엄격하게 준수하는 것이 투자의 안정성을 높일 수 있습니다.

4. 시장 분석

환율 시장을 연구하고 분석해야 합니다. 경제 지표, 정치적 상황, 금리 결정 등을 주시하며 환율 변동의 방향을 예측하려는 노력이 필요합니다.

시장 분석에 대해 알아보겠습니다.

기초적인 시장 분석 요소 이해하기

- 경제 지표 : 국내 및 국제 경제 지표를 이해합니다. 예를 들어, 한국의 GDP 성장률, 인플레이션율, 실업률과 같은 지표는 한국 원화의 가치에 영향을 미칩니다.
- 금리 : 한국의 중앙은행이 정하는 기준 금리와 외국 중앙은행의 금리 정책을 주시합니다. 금리는 환율에 큰 영향을 미치는 요소 중 하나입니다.
- 무역 수지 : 한국의 국제 무역 흑자 또는 적자 상황을 파악합니다. 무역 흑자가 있을 때 외국 투자자들은 한국 원화를 필요로 하므로 원화의 가치가 상승할 수 있습니다.

기술적 분석 이해하기

- 차트 분석 : 환율 차트를 분석하여 이전 가격 움직임과 패턴을 파악합니다. 예를 들어, 이동평균선, 상대강도지수[RSI], 볼린저 밴드 등을 사용하여 추세를 확인합니다.

뉴스와 이벤트 주시하기

- 정치적 이벤트 : 국내 정치적 사건 또는 국제 정치적 이벤트는 환율에 영향을 미칠 수 있습니다. 예를 들어, 정부의 환율 관련 정책 변경은 시장에 큰 영향을 줄 수 있습니다.
- 경제 이벤트 : 중요한 경제 이벤트, 예를 들어, 금리 결정, 경제 보고서, 무역 협상 결과 등을 주시합니다.
-

정보 수집과 분석

- 금융 뉴스 : 금융 뉴스와 금융 사이트에서 최신 정보를 수집합니다.
- 경제 전문가의 의견 : 경제 전문가들의 의견과 분석을 참고합니다. 이들의 전망은 투자 판단에 도움이 될 수 있습니다.

시장 분석은 환율 투자의 핵심입니다. 시장을 지속적으로 모니터링하고 관련 정보를 수집하며, 경제 상황과 정치적 이벤트에 대한 이해를 통해 환율의 움직임을 예측하는 것이 투자 성공에 도움이 됩니다.

5. 다양한 투자 도구 고려

환율 투자를 위해 다양한 도구를 고려할 수 있습니다. 예를 들어, 외환 거래 계정을 열거나 외환 투자 펀드를 고려할 수 있습니다.

6. 전문가의 도움

환율 투자는 전문적인 도움이 필요할 수 있습니다. 금융 컨설턴트나 은행의 외환 전문가와 상담하여 투자 전략을 개발하고 조언을 얻는 것이 좋을 수 있습니다.

7. 교육과 연구

환율 투자에 대한 교육과 연구에 시간을 투자하세요. 금융 서적을 읽고 온라인 자료를 찾아보며 지식을 확장하세요.

8. 시간과 인내

환율 시장은 짧은 기간 동안 크게 변동할 수 있지만, 장기적인 투자 전략을 고려한다면 시간과 인내가 필요합니다. 환율 변동에 따른 이익을 얻으려면 장기적인 관점을 유지하세요.

마지막으로, 환율 투자는 높은 위험을 내포하므로 신중하게 고려하고, 전문적인 조언을 얻거나 투자 경험이 풍부한 사람들과 의견을 나누는 것이 중요합니다. 투자하기 전에 개인의 금융 상황과 목표를 신중하게 고려하고 투자 결정을 내리는 것이 중요합니다.

환율과 관련된 역사적 사건들

1. 아시아 금융위기(1997-1998년)

아시아 금융위기는 한국을 비롯한 아시아 국가들이 1997년에 직면한 금융위기를 의미합니다. 1990년대 한국이 경제적으로 호황을 누리던 시절을 상상해 봅시다. 하지만 갑작스러운 위기가 닥쳤습니다. 아시아 금융 위기 동안 한국의 통화인 원화(KRW)의 가치가 급격히 하락했습니다.

어떻게 된 일인가요? 투기꾼과 투자자들이 한국 경제에 대한 신뢰를 잃으면서 외국 자본이 대량으로 유출되었습니다. 그 결과 원화 가치는 급격히 하락했고, 환율은 1달러당 800원대 초반에서 2,000원대 초반까지 치솟았습니다.

아시아 금융위기의 원인에 대해 이해하기 쉽도록 간단하게 설명해보겠습니다.

금융위기의 원인

· 외환 부족 : 한국은 금융 위기 당시에 많은 외화 대출을 받아왔으며, 외화 대출 상환을 위한 외환 보유액이 부족했습니다. 이로 인해 원화 가치가 급락하고, 외화 대출 상환에 어려움이 발생했습니다.

· 은행 부실 : 한국의 은행들은 거품 경제로 인해 부실 자산을 가지고 있었으며, 금융위기로 인해 부실 자산이 더욱 노출되었습니다.

· 신뢰 손실 : 금융위기로 인해 외국 투자자와 금융시장 참여자들의 한국

에 대한 신뢰가 떨어졌습니다. 외국 자금이 빠져나가며 금융 위기가 더 악화되었습니다.

영향과 조치

- 통화 평가 하락 : 원화 가치가 급락하여 외국 투자자들은 한국 자산에 대한 관심을 잃었고, 주가와 부동산 가격이 하락했습니다.
- IMF 구제 프로그램 : 한국 정부는 국제통화기금(IMF)과 협력하여 금융위기 극복을 위한 구제 프로그램을 시행했습니다. 이 프로그램은 경제 구조 개혁과 재정 조치를 포함했습니다.
- 금융 시스템 개혁 : 한국은 금융 시스템 개혁을 통해 은행 부실 문제를 해결하고 금융 시장을 안정화하려 노력했습니다.

교훈

- 자금의 중요성 : 아시아 금융위기는 외화 대출 및 외환 보유액의 중요성을 강조했습니다. 나라의 외환 안정성은 금융위기에 대비하기 위해 강화되어야 합니다.
- 재정 건전성 : 경제의 건전성과 재정 안정성은 금융 위기에 대비하는데 중요합니다. 정부와 중앙은행은 경제의 안정성을 유지하기 위해 적절한 조치를 취해야 합니다.

아시아 금융위기는 한국과 아시아 지역에 큰 영향을 미친 사건 중 하나로, 금융 안정성과 경제 건전성을 강화하는 교훈을 제공했습니다. 이러한 사건은 금융시장과 경제의 예기치 못한 위험에 대비하는데 중요한 경험적 교훈을 제공하였습니다.

2. 글로벌 금융 위기 (2008)

2008년 글로벌 금융 위기가 닥쳤을 때를 떠올려 보세요. 이 사건은 한국을 포함한 전 세계에 파급 효과를 가져왔습니다.

무슨 일이 일어났나요? 미국에서 위기가 확산되자 외국인 투자자들은 경계심을 갖고 한국을 포함한 여러 나라에서 자금을 회수하기 시작했습니다. 이로 인해 원화 환율은 1달러당 1,000원 내외에서 1달러당 1,500원 이상으로 하락했습니다.

글로벌 금융위기의 원인에 대해 이해하기 쉽도록 간단하게 설명해보겠습니다.

위기의 원인

· 부동산 버블과 부실 대출 : 글로벌 금융 위기의 원인 중 하나는 미국에서 발생한 부동산 시장의 과열과 부실 대출 문제입니다. 은행들이 고객에게 주택 대출을 쉽게 승인하고, 이런 대출을 증권화하여 세계 곳곳에 판매하였습니다.

· 금융 파생상품과 위험 전파 : 금융 기관들이 부실 대출을 포함한 위험 부담을 분산시키기 위해 파생상품을 사용하였습니다. 그러나 이로 인해 위험이 다른 금융 기관과 전 세계로 전파되었습니다.

영향과 조치

· 금융 파탄 : 주요 금융 기관들 중 일부가 파산하거나 정부 구제가 필요한 상황이 발생했습니다. 이로 인해 금융 시스템에 큰 충격이 발생했습니다.

· 경기 침체 : 금융위기는 세계적인 경기 침체로 이어졌습니다. 고용이 감소하고 경제 성장률이 하락했습니다.

· 정부 개입과 경제 총동원 : 다양한 국가의 정부와 중앙은행이 금융 기관들을 구제하고 경기 부양 정책을 시행하여 경제 안정을 찾기 위해 노력했습니다.

교훈

· 금융 규제 강화 : 금융 위기는 금융 규제와 감독의 필요성을 강조했습니다. 정부와 규제 기관은 금융 기관의 위험 관리와 투명성을 강화하였습니다.

· 금융 안정성 강조 : 금융 시스템의 안정성과 위험 관리는 금융 위기에 대비하는데 중요한 역할을 합니다. 금융 기관들은 자본 강화와 위험 관리를 강조하였습니다.

· 글로벌 경제 상호의존성 인식 : 글로벌 금융 위기는 세계 경제의 상호 의존성을 강조하였습니다. 하나의 국가의 금융 위기는 다른 국가에도 파급 효과를 미칠 수 있음을 보여주었습니다.

글로벌 금융 위기는 한국을 비롯한 세계 여러 나라에 큰 영향을 미친 사건 중 하나로, 금융 안정성과 규제 강화의 필요성을 강조하며 금융 시스템과 경제의 민감성을 보여주었습니다. 이러한 교훈을 토대로 금융 시장과 경제의 안정성을 유지하는 노력이 계속되고 있습니다.

3. 북한의 핵실험(2006년, 2009년 등)

지정학적 이벤트가 환율에 미치는 영향을 고려합니다. 북한의 핵실험은 역내 긴장을 초래하여 한국 경제에 영향을 미쳤습니다.

무슨 일이 일어났는가? 북한이 핵실험을 실시하면서 역내 불확실성이 커졌습니다. 투자자들이 불안해하면서 일시적으로 원화 가치가 하락했습니다.

핵실험의 의미

- 안보 리스크 : 북한의 핵실험은 한반도와 국제 안보에 큰 리스크를 초래합니다. 핵무기 보유국으로서 북한의 핵 위협은 국제사회와 한국에 영향을 미칩니다.
- 경제 영향 : 안보 리스크로 인해 한국 경제에도 영향을 미칠 수 있습니다. 안전성과 안정성이 감소하면 외국 투자가 줄어들고 금융 시장에 불안 요인이 발생할 수 있습니다.

금융 시장 영향

- 환율 변동 : 북한의 핵실험이 발생하면 글로벌 금융 시장에서 불안감이 증폭될 수 있으며, 이로 인해 한국의 환율이 변동할 수 있습니다. 안전자산으로서의 원화에 대한 수요가 증가할 수 있습니다.
- 주가 하락 : 금융 시장에서의 불안으로 인해 한국 주가가 하락할 수 있습

니다. 투자자들은 안전자산으로 이동하여 주식 시장에 약세가 나타날 수 있습니다.

대응과 조치

- 정부 대응 : 한국 정부는 북한의 핵실험 발생 시 즉각적으로 대응책을 마련하며, 안보와 경제 상황을 모니터링합니다. 특히 외환 안정화를 위한 조치를 취할 수 있습니다.
- 투자자 대응 : 개인 투자자들은 안정적인 투자 전략을 갖추어야 합니다. 특히 금융 시장 변동성이 증가할 때는 투자 포트폴리오를 다변화하고, 재정 상황을 철저히 파악해야 합니다.

북한의 핵실험이 한국에 미치는 영향은 안보와 경제 모두에 관련이 있습니다. 금융 시장에서의 변동성은 투자자들에게 영향을 미칠 수 있으므로 안정적인 경제 대응책과 투자 전략 수립이 중요합니다.

4. 코로나19 팬데믹(2020년)

최근 코로나19 팬데믹이 환율에 미친 영향에 대해 생각해 보세요.

무슨 일이 일어났나요? 팬데믹은 전 세계 경제를 혼란에 빠뜨렸습니다. 초기에 투자자들은 미국 달러와 같은 통화로 안전자산을 찾았고, 이로 인해 원화 가치가 하락했습니다.

팬데믹의 영향

· 경제 불안 : 코로나19 팬데믹은 경제 불안을 초래했습니다. 감염병 확산으로 인해 경제 활동이 제한되고 기업들은 생산을 줄였습니다.

· 금융 시장 불안 : 경제 불안으로 인해 금융 시장에서 불안 요소가 증가했습니다. 투자자들은 안전한 자산을 찾고, 주식 시장과 환율에 대한 불확실성이 커졌습니다.

환율 변동의 이유

· 대외 거래 감소 : 팬데믹으로 인해 국내와 국제적으로 대외 거래가 감소하였습니다. 외국으로의 수출과 수입이 줄어들면서 환율에 영향을 미칩니다.

· 자본 이동 : 투자자들은 안전한 자산을 찾아 글로벌 자본 시장을 돌아다닙니다. 이로 인해 자국 통화에 대한 수요와 공급이 변동하며 환율이 움직입니다.

한국의 환율 영향

· 원화 가치 하락 : 코로나19 팬데믹으로 인해 한국의 수출이 감소하고 외국인 투자자들의 원화 보유량이 줄어들면, 원화 가치가 하락할 수 있습니다.

· 경제 대응책 : 한국 정부는 코로나19 대응을 위해 경제 지원책을 시행했습니다. 이러한 조치가 환율 변동을 완화하는데 일부 도움이 될 수 있습니다.

개인 대응

· 환율 영향 파악 : 개인들은 환율의 변동이 어떠한 영향을 미치는지 이해
해야 합니다. 원화 가치 하락은 해외여행 및 외국 제품 구매 등에 영향을
미칠 수 있습니다.
· 투자 다변화 : 금융 시장의 불안으로 인해 투자 다변화가 중요합니다. 안
정적인 자산으로 투자 포트폴리오를 조정하는 것이 도움이 될 수 있습니
다.

코로나19 팬데믹은 경제와 금융 시장에 영향을 미치며, 이로 인해 환율 변
동성이 증가할 수 있습니다. 개인들은 환율의 변동을 주시하고 경제 대응책
을 파악하여 개인 재정을 관리하는데 도움이 되는 조치를 취해야 합니다.

5. 정부 개입

한국의 중앙은행이 환율 안정을 위해 개입한다고 가정해 봅시다.

어떤 일이 일어났을까요? 한국은행(BOK)은 다양한 상황에서 원화 가치에
영향을 미치기 위해 원화를 매수 또는 매도하는 방식으로 외환 시장에 개
입했습니다. 예를 들어 원화가 너무 강해지면 수출에 타격을 줄 수 있으므
로 한국은행은 원화를 약화시키기 위해 개입할 수 있습니다.

이러한 개입은 안정성을 유지하고 급격한 환율 변동으로부터 국가 경제를
보호하는 것을 목표로 합니다.

한국의 환율과 관련된 역사적 사건은 경제 위기, 지정학적 긴장 및 정부 조

치에 의해 통화 가치가 어떻게 영향을 받을 수 있는지 보여줍니다. 이러한 사건은 수입품 가격부터 한국 수출 경쟁력에 이르기까지 일상 생활의 다양한 측면에 영향을 미치며, 환율이 경제 전반과 상호 연관되어 있음을 강조합니다.

채권

1) 채권^{bond}이란 무엇인가요

채권은 정부, 기업 또는 기타 발행기관이 자금을 조달하기 위해 발행하는 금융 상품입니다. 채권을 구매한 사람은 실질적으로 대출을 한 것으로 생각할 수 있습니다. 이때 채권 구매자는 채권 발행자에게 돈을 빌려주고, 그 대가로 일정 기간 동안 이자와 함께 원금을 돌려받습니다.

채권의 특징

- 원금 : 채권은 원금을 나타냅니다. 이것은 채권 구매자가 대출한 돈의 금액을 의미합니다.
- 이자 : 채권에 투자한 경우, 발행자는 투자자에게 정기적으로 이자를 지급합니다. 이자는 원금에 대한 보상으로서 채권의 금융 수익을 의미합니다.

• 만기일 : 채권은 발행일로부터 일정 기간이 지난 후에 만기됩니다.
만기일에 채권 구매자에게 원금이 반환되며, 이 때까지 이자가 정기
적으로 지급됩니다.

< 채권의 역할과 종류 >

채권종류	역할 및 설명
국채	정부가 발행하는 채권으로, 국가의 재정 운영을 위해 자금을 조달하는데 사용됩니다. 이자와 원금 상환은 정부에 의해 보장됩니다.
회사채	기업이 자금을 조달하기 위해 발행하는 채권으로, 기업의 신용 등급에 따라 이자율이 결정되며, 원리금 상환은 발행한 기업에 의해 보장됩니다.
지방채	지방 자치 단체가 발행하는 채권으로, 지방 정부의 사업 수행을 위해 자금을 조달하고, 이자와 원금 상환은 해당 지방 정부에 의해 보장됩니다.
공사채	공공기관이나 공공기업이 사업 수행을 위해 발행하는 채권으로, 이자와 원금 상환은 해당 공공기관 또는 공공기업에 의해 보장됩니다.
특수채	특정 목적을 위해 발행되는 채권으로, 예를 들어 주택 금융 전용 사모집중국채(MBS), 동일인 대출증서(CMO) 등이 있습니다.
외국채	외국 정부나 기업이 국외에서 자금을 조달하기 위해 발행하는 채권입니다. 외화로 거래되며 환율 변동과 관련된 리스크도 포함될 수 있습니다.

위의 표에서 제시된 종류들은 일반적인 채권 유형들로서 다양한 목적
과 조건에 따라 다른 형태와 특징을 가집니다.

주식과 달리 증가분 배당보다는 일정한 이자를 제공하므로 안정적인
수익과 본전 회수를 추구하는 경우 많이 선택합니다. 하지만 각각의 종류
마다 리스크와 예상 수익률도 다르므로 신중한 판단과 포트폴리오 다변
화가 필요합니다. 실제로 투자 결정 시 전문가의 동조 및 관련 정보를 참고
하여 합리적인 결정을 내릴 것을 권장합니다.

채권의 역할과 종류

- 자금 조달 : 기업이나 정부는 채권을 발행하여 자금을 조달하고 사업을 확장하거나 공공사업을 수행하는 데 사용합니다.

- 투자 수단 : 투자자들은 채권을 구매하여 안전하고 안정적인 수익을 추구합니다. 특히 고정 소득을 원하는 투자자들에게 인기가 있습니다.

- 종류 : 채권은 정부 채권, 기업 채권, 지방 정부 채권 등 다양한 종류가 있습니다. 또한 채권의 만기, 이자율 및 위험 수준에 따라 다양한 형태로 발행됩니다.

채권 시장의 영향

- 금리와 역외 환율 : 채권 시장의 상황은 국내 금리 및 역외 환율에 영향을 미칩니다. 금리가 낮으면 채권 투자 수요가 증가하고, 금리가 높으면 채권 투자 수요가 감소할 수 있습니다.

- 경제 상황 예측 : 채권 시장은 경제 상황을 예측하는 데 중요한 지표 중 하나입니다. 채권 이자율의 상승 또는 하락은 경제의 건강 상태를 시사할 수 있습니다.

채권은 금융시장에서 중요한 역할을 하는 금융 상품 중 하나로, 안전하고 안정적인 투자를 원하는 사람들에게 인기가 있습니다. 이해하고 투자 계획을 세우는 데 도움이 되는 중요한 개념 중 하나입니다.

2) 채권을 꼭 알아야 하나요

채권은 일반인들에게 중요하게 이해해야 할 금융 개념 중 하나입니다. 그 이유는 다음과 같습니다.

1. 투자와 재무 계획

채권은 개인과 가정의 재무 계획과 투자 포트폴리오에 영향을 미칩니다. 적절한 채권 투자는 금융 안정성을 높이고 수익을 창출하는 방법 중 하나입니다.

2. 경제 이해

채권 시장의 동향을 이해하면 국내 경제 상황과 금융 시장의 변화를 파악할 수 있습니다. 이는 경제 상황에 따라 개인 재정을 조정하는 데 도움이 됩니다.

채권의 기본 개념

- 채권은 대출과 비슷합니다 : 채권을 살 때, 당신은 발행자에게 돈을 빌려줍니다. 발행자는 원금과 이자를 나중에 돌려줍니다.
- 원금과 이자 : 원금은 빌린 돈의 금액이며, 이자는 대출 금액에 따라 발생하는 금융 수익입니다.
- 만기일 : 채권에는 만기일이 있으며, 이 날에 원금이 반환됩니다.

채권의 역할

- 투자 수단 : 채권은 안전하고 안정된 수익을 원하는 투자자들에게 인기가 있습니다. 특히 금융 위험을 줄이려는 목표를 가진 투자자들이 많이 선택합니다.
- 자금 조달 : 기업과 정부는 채권을 발행하여 자금을 조달하고 사업 확장 또는 공공사업을 지원합니다.

채권 시장의 영향

- 금리와 환율 : 채권 시장은 국내 금리 및 환율에 영향을 미칩니다. 금리가 낮으면 채권 투자가 늘어나고, 금리가 높으면 채권 투자가 줄어들 수 있습니다.
- 경제 예측 : 채권 시장의 움직임은 경제 예측에 중요한 지표 중 하나입니다. 이러한 정보는 개인과 가정이 경기 변동에 대비하는 데 도움이 됩니다.

채권은 금융 시장에서 중요한 역할을 하는 금융 상품 중 하나입니다. 개인들은 채권의 기본 개념과 역할을 이해하면 자신의 재무 상황과 투자 결정을 더 현명하게 할 수 있습니다. 또한 채권 시장은 국내 경제와 금융 시장의 변화를 파악하는 데 도움이 되는 중요한 지표 중 하나입니다.

3) 채권은 안전한가요

채권은 주로 정부, 기업 또는 금융 기관에서 발행됩니다. 정부 채권은 일반적으로 가장 안전한 채권 중 하나로 간주됩니다. 이유는 정부가 기반한 국가 재정력 때문입니다. 정부가 채권을 발행하면 원리금을 상환할 능력이 높기 때문에 채무불이행의 위험이 낮습니다.

- 기업 채권 : 기업 채권은 발행 기업의 신용 등급에 따라 안전성이 다릅니다. 높은 신용 등급을 갖는 대기업의 채권은 일반적으로 안전합니다. 그러나 신용 등급이 낮은 기업 채권은 채무불이행 위험이 증가할 수 있습니다.
- 금융기관 채권 : 금융 기관이 발행하는 채권도 안전성이 높을 수 있습니다. 금융 기관은 금융 시장 규정을 준수하고 일반적으로 정부의 감독을 받으므로 상대적으로 안전한 투자로 간주됩니다.

안전성과 수익성의 트레이드오프

채권의 안전성은 높지만, 그에 따른 수익률은 낮을 수 있습니다. 안전한 투자를 원한다면 채권을 선택할 수 있지만, 높은 수익을 원한다면 위험 요소가 높은 자산에 투자해야 할 수 있습니다.

투자 목표와 위험 허용도에 따라 적절한 투자 선택이 필요합니다. 안전한 투자를 원하는 경우 채권을 고려할 수 있지만, 높은 수익을 추구하는 경우에는 다른 자산 클래스도 고려해야 합니다.

다양한 채권 유형

- 정부채권 : 한국 정부가 발행하는 채권은 일반적으로 안전하며, 국고채라고도 불립니다.

- 회사채권 : 대기업이 발행하는 회사 채권은 상대적으로 안전합니다.
- 국제채권 : 국제 금융기관이 발행하는 채권도 안정성이 높을 수 있습니다.

< 채권의 안전성 >

채권안전성	설 명
정부채권	국채와 같이 정부가 발행하는 채권은 일반적으로 가장 안전한 채권으로 간주됩니다. 정부는 재정 운영을 통해 이자와 원금 상환을 보장할 수 있으며, 신용 등급이 높아 위험이 낮습니다.
투자등급 회사채	신용 평가 기관에서 등급화된 회사채 중에서 최상위 등급인 AAA 등급의 회사채는 일반적으로 안전성이 높다고 간주됩니다. 이들 회사는 재무 건강성과 상환 능력이 우수하며, 원리금 상환을 보장할 가능성이 높습니다.
지방채	지방 자치 단체가 발행하는 채권은 해당 지역의 정부 보증하에 발행되므로 일정 수준의 안전성을 가집니다. 하지만 지역 경제나 재정 상황에 따라 리스크가 변동할 수 있으므로 조심해야 합니다.
공사채	공공기관이나 공공기업이 발행하는 채권은 해당 기관의 보증하에 발행되어 일정 수준의 안전성을 가집니다. 그러나 기업 부실 가능성과 관련된 리스크를 고려해야 합니다.
주택채	주거용 부동산 담보로 발행되는 주택채는 대출 원리금 상환을 위해 담보 자산 (주택)이 사용되므로 상대적으로 낮은 리스크를 가집니다. 그러나 주거 시장 조건과 대출자들의 상환 능력에 따라 리스크가 변동할 수 있습니다.
외국채	외국 정부나 기업이 국외에서 발행하는 채권은 환율 변동 및 외국 정치/경제 요인과 관련된 리스크를 내재하고 있으므로, 해당 국가 및 기업 신용 평판과 관련 정보를 검토하여 투자 결정을 내릴 필요가 있습니다.

위의 표에서 제시된 설명은 각 유형별로 일반적으로 인식되는 안전성 수준입니다. 그러나 시장 조건, 경제 동학, 개별재무상황 등 다양한 요소들에 의해 리스크와 예상 수익률도 변동할 수 있으므로 전문가 의견 및 관련 정보를 참고하여 합리적인 결정을 내릴 것을 권장합니다.

종합적으로 생각하기

- 투자 다변화 : 안전성을 추구하면서도 투자 포트폴리오를 다변화하는 것이 중요합니다. 다양한 자산 클래스를 조합하여 위험을 분산시키는 것이 투자의 안전성을 높일 수 있습니다.

채권은 일반적으로 안전한 투자 도구 중 하나이지만 수익성은 낮을 수 있습니다. 투자 결정을 할 때 투자 목표와 위험 허용도를 고려하며, 포트폴리오 다변화와 전문가의 조언을 활용하여 안전하면서도 효과적인 투자 전략을 구축하는 것이 중요합니다.

4) 채권의 종류에는 어떤 것이 있나요

채권의 종류는 다양하며, 경제학적 관점에서 일반인들이 쉽게 이해할 수 있도록 설명해드리겠습니다. 채권은 주로 발행자와 용도에 따라 다양한 종류로 나뉩니다.

1. 정부채권

- 국고채^{Korean Government Bonds} : 한국 정부가 발행하는 채권으로, 가장 안전한 채권으로 간주됩니다. 정부의 재정 지원을 위해 발행되며, 일반 시민과 금융 기관에서 구매할 수 있습니다.

2. 회사채권

- 회사채^{Corporate Bonds} : 대기업이나 중소기업이 자금을 조달하기 위해

발행하는 채권입니다. 기업의 신용 등급에 따라 안전성이 다르며, 높은 등급의 기업 채권은 상대적으로 안전합니다.

3. 금융기관 채권

- 은행 채권^{Bank Bonds} : 은행이 자금 조달을 위해 발행하는 채권으로, 안전하고 안정된 투자 도구로 간주됩니다.
- 증권사 채권^{Securities Firm Bonds} : 증권사가 발행하는 채권으로, 금융 서비스와 투자 자금을 지원하기 위해 사용됩니다.

4. 국제 채권

- 외화 채권^{Foreign Currency Bonds} : 한국 기업이 외국에서 자금을 조달하기 위해 발행하는 채권으로, 외화로 표시됩니다.
- 글로벌 채권^{Global Bonds} : 국제 금융 기관이나 다국적 기업이 발행하는 채권으로, 다양한 통화로 발행되며 국제 시장에서 거래됩니다.

5. 지방 정부 채권

- 지방채^{municipal bond} : 지방 자치 단체인 시와 도가 자금을 조달하기 위해 발행하는 채권입니다.

6. 공공 기관 채권

- 공기업 채권^{State-Owned Enterprise Bonds} : 정부가 50% 이상의 지분을 가지고 있는 공기업이 자금을 조달하기 위해 발행하는 채권입니다.

7. 특수 채권

- 특수 채권^{specific laws bond} : 특별한 법령에 의하여 설립된 법인이 특별법에 따라 자금조달을 목적으로 발행하는 채권을 말한다.

이러한 다양한 채권 종류는 투자자의 목표와 위험 허용도에 따라 선택할 수 있으며, 각각의 특징과 장단점을 고려하여 투자 결정을 내릴 수 있습니다. 채권 시장은 다양한 투자 기회를 제공하며, 투자 포트폴리오를 다양화하고 재무 목표를 달성하는 데 중요한 역할을 합니다.

5) 채권 투자

채권 투자는 투자자가 정부, 기업, 금융 기관 등에서 발행하는 채권을 구매하는 행위를 말합니다.

1. 채권의 작동 원리

- 채권의 발행 : 발행자(정부, 기업 등)는 자금을 조달하기 위해 채권을 발행합니다. 채권은 대출을 받는 것과 유사하며, 발행자는 투자자로부터 돈을 빌린다고 생각할 수 있습니다.
- 채권의 특성 : 채권에는 원금과 이자, 만기일이 포함됩니다. 투자자는 채권을 구매하고, 발행자는 원금과 이자를 나중에 투자자에게 지급합니다.
- 이자 : 채권 소유자는 채권을 보유하는 동안 일정한 기간마다 이자를 받습니다. 이 이자는 채권의 가치를 높입니다.

- 만기일 : 채권에는 만기일이 있으며, 이 날에 투자자에게 원금이 반환됩니다.

2. 채권 투자의 장점

- 안정성 : 채권은 일반적으로 안전한 투자 도구로 간주됩니다. 투자자는 발행자로부터 이자와 원금을 상환받는다는 보장을 받습니다.
- 수익률 : 채권은 주식과는 달리 상대적으로 안정된 수익률을 제공합니다. 특히 정부 채권은 안전성과 상대적으로 높은 예상 수익률을 조화시키는 경우가 많습니다.

3. 채권 투자의 단점

- 낮은 수익률 : 채권 투자의 주요 단점은 주식 등 다른 투자 유형에 비해 수익률이 낮을 수 있다는 것입니다.
- 인플레이션 위험 : 채권의 이자율은 일반적으로 고정되어 있으므로, 인플레이션 상승으로 인해 실제 구매력이 감소할 수 있습니다.

4. 채권 투자의 활용

- 재무 계획 : 채권은 재무 계획을 구성하는 데 도움이 됩니다. 안전하고 예측 가능한 수익을 원하는 경우 투자 포트폴리오에 채권을 포함시킬 수 있습니다.
- 투자 포트폴리오 다변화 : 투자 포트폴리오를 다양화하기 위해 채권을 추가할 수 있습니다. 다양한 자산 유형을 조합하여 위험을 분

산시키는 것이 중요합니다.

채권투자 포트폴리오를 다변화해야 하는 이유

투자자가 다양한 채권을 조합하여 투자 포트폴리오를 구성하는 전략을 의미합니다.

1. 다변화란 무엇인가요

다변화는 여러 가지 다른 것들을 조합하여 투자 포트폴리오를 구성하는 것을 의미합니다. 이는 투자 위험을 분산시키고 예상 수익을 안정화시키는 데 도움이 됩니다.

- 위험 분산 : 서로 다른 종류의 채권을 가진 포트폴리오는 어떤 특정 채권이 부채불이행하거나 위험에 노출될 때 다른 채권들로부터의 손실을 상쇄시킬 수 있습니다.
- 수익 안정화 : 다양한 채권을 보유하면 포트폴리오의 수익이 안정화됩니다. 어떤 채권은 수익이 높고 다른 채권은 수익이 안정적일 수 있으므로, 다변화는 전반적인 수익을 안정화시킵니다.

2. 채권 투자 포트폴리오 다변화의 예

- 다른 발행자 : 정부 채권, 기업 채권, 금융 기관 채권 등 다양한 발행자에서 채권을 선택합니다.
- 서로 다른 섹터 : 여러 산업 섹터에서 채권을 보유합니다. 예를 들어,

금융, 에너지, 기술 등 다양한 산업의 기업 채권을 조합할 수 있습니다.

- 다양한 만기 : 단기, 중기, 장기 채권을 조합하여 만기별 다변화를 실현합니다.
- 지역 다변화 : 국내 채권뿐만 아니라 국제 채권도 포트폴리오에 추가하여 지역 다변화를 확보합니다.

3. 다변화의 장점과 주의사항

- 장점 : 다변화는 투자 포트폴리오의 안정성을 높이고 위험을 감소시킬 수 있습니다.
- 주의사항 : 너무 많은 채권을 포함하면 포트폴리오 관리가 어려울 수 있으므로 적절한 수준의 다변화를 유지해야 합니다.

예) 한국 투자자가 채권 포트폴리오를 다변화하려면 국고채, 기업 채권, 외국 채권 등을 조합하고, 다양한 섹터와 만기에서 채권을 선택하여 위험을 분산시킬 수 있습니다. 또한 투자 목표와 위험 허용도에 따라 적절한 비율로 채권을 배분해야 합니다.

채권 투자 포트폴리오 다변화는 투자 위험을 관리하고 안정적인 수익을 추구하기 위한 중요한 전략입니다.

- 금리 변동 대비 : 채권 투자는 금리 변동에 대비하는 데 도움이 됩니다. 일정한 이자 수익을 제공하므로 금리 하락 시 수익성을 유지할 수 있습니다.

채권 투자는 안전하고 안정된 수익을 원하는 투자자에게 적합한 옵션일 수 있습니다. 그러나 수익률이 낮을 수 있으며, 투자 전략을 개발할 때 투자 목표와 위험 허용도를 고려해야 합니다.

6) 단기채권과 장기채권

단기채권은 정부나 기업이 자금을 조달하거나 빌려야 할 때 발행하는 금융상품입니다. 여기서 "단기"란 말은 시간을 나타내는데요, 일반적으로 단기채권은 1년 미만의 기간 동안 사용되는데, 이 동안 정부나 기업은 투자 또는 재무 운용을 위한 자금을 확보하기 위해 이러한 채권을 발행합니다. 이 채권을 산 사람들은 그에 대한 대가로 이자를 받게 되는데, 이자는 채권의 가격과 상황에 따라 다르게 됩니다.

단기채권은 주로 안전하고 안정적인 투자 수단으로 여겨지며, 주로 은행과 금융기관에서 판매됩니다. 그렇다면 어떻게 이해하면 좋을까요? 예를 들어보겠습니다.

가령, 당신이 은행에 돈을 맡겨놓았다고 가정해봅시다. 은행은 이 돈을 다른 사람들에게 대출하고, 대출 이자를 받습니다. 그리고 그 대출을 보증하기 위해 정부나 기업으로부터 발행된 단기채권을 구매합니다. 당신이 은행에 돈을 맡기는 것은 실제로 은행이 단기채권을 사는 것을 도와주는 것과 비슷한 원리입니다.

이러한 단기채권을 구매하면, 당신은 안전한 투자를 할 수 있고, 그에 대한 약간의 이자를 얻을 수 있습니다.

장기채권은 금융 시장에서 사용되는 금융상품 중 하나로, 보통 한국에서는 정부나 기업이 자금을 조달하거나 투자할 때 발행됩니다.

장기채권은 주로 1년 이상에서 10년 이상의 긴 기간 동안 사용되는데, 이 동안 정부나 기업은 큰 프로젝트를 실현하거나 장기적인 투자를 위해 필요한 자금을 확보하기 위해 이러한 채권을 발행합니다. 이 채권을 산 사람들은 그에 대한 대가로 이자를 받게 되는데, 이자율은 채권의 가격과 상황에 따라 다르게 됩니다.

장기채권은 높은 이자를 제공하는 경향이 있어, 투자자들에게는 높은 수익 기회를 제공합니다. 그러나 그만큼 높은 리스크를 안고 있기도 합니다.

이러한 금융상품을 이해하는 데 도움이 될 수 있는 간단한 예시를 들어보겠습니다.

가령, 정부가 대규모 인프라 개발 프로젝트를 시작하기 위해 자금이 필요하다고 가정해봅시다. 이 프로젝트를 위해 정부는 자금을 조달해야 하며, 이를 위해 장기채권을 발행합니다. 장기채권을 구매한 투자자들은 그에 대한 이자를 받게 되는데, 그 이자율은 투자를 더 유망하게 만들어 줄 수 있습니다.

장기채권은 긴 기간 동안 자금을 확보하고 투자하는 데 사용되며, 이는 대규모 프로젝트나 장기적인 금융 목표를 위한 도구로 자주 활용됩니다.

단기채권과 장기채권은 투자자에게 다른 리스크와 수익 기회를 제공합니다. 단기채권은 안전하고 안정적인 투자를 원하는 사람들에게 적합하며, 장기채권은 높은 수익을 추구하는 사람들에게 더 적합합니다. 이러한 금융상품은 경제의 움직임을 이해하고 자신의 금융 목표에 맞게 선택하는 데 도움이 됩니다.

< 단기채권과 장기채권의 차이점 >

채권 유형	단기채권	장기채권
기간	발행일로부터 1년 미만의 기간을 가지는 채권	발행일로부터 1년 이상의 기간을 가지는 채권
만기일	일반적으로 몇 개월에서 1년까지의 짧은 기간을 가짐	일반적으로 1년 이상부터 수십 년까지 긴 기간을 가짐
이자율	단기 시장 금리에 따라 변동하는 이자율	장기 시장 전망 및 신용 등급에 따라 결정되는 상대적으로 고정된 이자율
리스크	만기가 짧고 이자율 변동에 따른 리스크가 낮음	만기가 길고 시장 변동성 및 신용 리스크에 노출될 수 있음
투자 목적	일시적인 자금 보호나 단타형 투자를 위해 사용될 수 있음	장기적인 자금 운용, 예비 자금 조달, 수익률 목표를 위해 사용될 수 있음

위의 표에서 제시된 차이점은 일반적인 단위로서 해당 유형들의 특징을 설명한 것입니다. 그러나 각각의 채권은 상황과 조건에 따라 다양한 형태와 특성을 가집니다.

단기채권은 일시적인 자금 보호나 단타형 투자를 위해 주로 사용되며, 만기가 짧고 이자율 변동에 따른 리스크가 낮습니다. 장기채권은 장기적인 자금 운용이 필요하거나 예비 자금 조달, 수익률 목표 등을 위해 사용되며, 만기가 길고 시장 변동성 및 신용 리스크에 노출될 수 있습니다.

채권펀드가 예금보다 좋은 이유

다양한 채권 투자

채권펀드는 여러 종류의 채권을 포트폴리오에 포함시킵니다. 이러한 다양성은 투자 위험을 분산시키는 데 도움이 됩니다. 예금은 단일 자금 상품으로, 이자 수익이 상대적으로 낮고 안정적이지만 투자 포트폴리오를 다양화하기 어려울 수 있습니다.

수익성

채권펀드는 예금보다 상대적으로 높은 수익을 제공할 수 있습니다. 채권펀드는 채권 시장에서 다양한 채권을 매수하고 이자 수익을 얻습니다. 이로 인해 예금보다 높은 수익률을 얻을 수 있으며, 투자자에게 추가 수익 기회를 제공합니다.

유동성과 접근성

채권펀드는 예금에 비해 상대적으로 높은 유동성과 접근성을 제공합니다. 예금은 정해진 기간 동안 돈을 고정해두어야 하지만 채권펀드는 매일 거래가 가능하며, 언제든지 자금을 인출할 수 있습니다.

투자 전문가의 관리

채권펀드는 전문 포트폴리오 매니저가 관리합니다. 이들은 채권 시장 동향을 분석하고 최적의 투자 결정을 내립니다. 예금보다 더 전문적인 관리가 제공되므로 투자자에게 이점을 줄 수 있습니다.

인플레이션 대비

예금의 이자율은 인플레이션율을 따라가지 못할 수 있습니다. 채권펀드는 일반적으로 인플레이션 대비하여 수익을 제공할 수 있으므로, 투자자의 구매력을 보호하는 데 도움이 됩니다.

투자 목표에 맞는 선택

채권펀드는 다양한 종류로 나뉘며, 투자자의 목표와 위험 허용도에 따라 선택할 수 있습니다. 예금보다 적절한 투자 옵션을 찾을 수 있습니다.

그러나 주의해야 할 점도 있습니다. 채권펀드도 투자 시장의 변동성에 노출되며, 수익은 보장되지 않습니다. 따라서 투자 전에 투자 목표, 위험 허용도, 기간 등을 신중하게 고려하여야 합니다. 종합적으로 채권펀드는 예금에 비해 다양한 이점을 제공합니다.

채권펀드가 주식보다 좋은 이유

안정성과 예측 가능성

채권펀드는 일반적으로 안정적인 투자 도구로 간주됩니다. 채권은 대출을 한 것으로, 발행기관은 원금과 이자 지급을 보장합니다. 이로 인해 주주와는 다르게 채권투자자는 예측 가능한 이자 수익을 받을 것으로 예상할 수 있습니다. 반면 주식은 기업의 이익과 주가 등이 다양한 요인에 의해 영향을 받기 때문에 더 불안정할 수 있습니다.

위험 감소

채권펀드는 투자 위험이 주식에 비해 낮습니다. 주식은 주가 변동성이 크며 시장 조건에 따라 예상치 못한 손실이 발생할 수 있습니다. 반면 채권은 상대적으로 안전하고 원금 손실 위험이 낮아 투자자에게 안정감을 줍니다.

수익 고정성

채권펀드는 투자자에게 고정된 이자 수익을 제공합니다. 이로 인해 투자자는 투자 기간 동안 얼마의 이익을 얻을 것인지 예측하기 쉽습니다. 주식의 경우 주가는 예측하기 어렵고 변동성이 크기 때문에 수익 예측이 어려울 수 있습니다.

수익과 위험의 균형

채권펀드는 안정성과 균형잡힌 수익을 추구하는 투자자에게 적합합니다. 주식은 높은 수익을 추구하는 투자자에게 유망한 옵션일 수 있지만, 그에 따른 높은 위험도 동반합니다. 채권은 상대적으로 안전한 투자로서 저위험, 안정적인 수익을 원하는 투자자에게 이점을 제공합니다.

포트폴리오 다변화

투자 포트폴리오를 구성할 때 채권펀드는 다변화에 기여할 수 있습니다. 주식과 채권을 함께 보유하면 주식의 위험을 상쇄하고 수익을 안정화할 수 있습니다. 다양한 자산 클래스를 조합하는 것이 투자 포트폴리오의 안정성을 향상시키는 데 도움이 됩니다.

세제 혜택

한국에서는 채권 투자에 대한 세제 혜택이 주식 투자에 비해 유리할 수 있습니다. 예를 들어, 이자 수익에 대한 세금 혜택이 주식보다 더 많을 수 있습니다.

그러나 주의해야 할 점도 있습니다. 채권펀드 역시 수익률이 예금보다는 높지만, 주식에 비해 낮을 수 있으며, 인플레이션에 대한 보호가 덜 할 수 있습니다. 따라서 투자 목표와 위험 허용도에 따라 투자 결정을 내려야 합니다. 종합적으로, 채권펀드는 주식 대비 안정성과 예측 가능한 수익을 추구하는 투자자에게 좋은 옵션일 수 있습니다.

주식

1) 주식이란 무엇인가요

주식은 기업에 대한 소유권을 나타내는 금융상품 중 하나입니다. 이것
은 기업이 성장하고 이익을 창출할 때, 그 성장과 이익에 참여하게 되는
방법 중 하나입니다. 주식은 일종의 "회사 소유권 증명서"로 생각할 수 있
습니다. 예를 들어, 당신이 어떤 기업의 주식을 소유하고 있다면, 그것은
당신이 그 기업의 일부 소유주임을 의미합니다.

주식을 소유하면 기업이 성공할 때 주식의 가치가 증가할 수 있고, 이를
통해 이익을 얻을 수 있습니다. 물론, 주식 투자에는 리스크도 있으며 주
식 시장은 가격의 변동성이 높을 수 있습니다. 따라서 주식을 투자할 때
에는 신중하게 연구하고, 자신의 금융 목표와 리스크 허용치를 고려해야
합니다.

주식은 기업 소유권을 나타내는 금융상품으로, 주식을 소유하면 그 기

업의 성장과 이익에 참여할 수 있습니다. 한국에서는 이러한 주식 거래가 한국거래소에서 이루어지며, 주식 시세는 시장에서의 수요와 공급에 따라 변동합니다. 주식 투자는 잠재적으로 이익을 창출할 수 있지만, 리스크도 함께 고려해야 합니다.

한국에서는 대부분의 주식 거래가 주식시장에서 이루어집니다. 대표적으로 한국거래소^{Korea Exchange, KRX}가 있으며, 거기에서 기업들의 주식을 사고 팔 수 있습니다. 이때, 주식 시세는 시장에서의 수요와 공급에 따라 변동하며, 주식 시장은 주식을 사고 팔 수 있는 곳입니다. 한국거래소는 2005년 1월 27일, 기존의 한국증권거래소, 한국선물거래소, 코스닥증권시장, 코스닥위원회 등 4개 기관이 통합되어 설립된 주식회사입니다.

한국거래소는 한국의 주식, 채권, 파생상품 등을 거래할 수 있는 거래소입니다. 이것은 한국에서 금융 시장을 운영하고 주식 및 기타 금융상품을 거래하는 주요 기관 중 하나로 국내외 투자자들에게 금융 서비스를 제공합니다.

다음은 한국거래소^{KRX}에 대한 자세한 설명입니다.

한국거래소는 1956년에 설립되어, 한국의 금융시장을 관리하고 효율적으로 운영하기 위한 중요한 역할을 하고 있습니다. 그 후 계속해서 발전하며 현재는 세계적으로 중요한 거래소 중 하나로 인정받고 있습니다.

다양한 금융 상품을 거래하고 관리합니다. 이에는 주식, 채권, 파생상품(선물 및 옵션), ETF(상장지수펀드), ETN(상장지수증권) 등이 포함됩니다. 또한 한국거래소는 신규 상장 기업을 받아들이고, 거래와 결제를 원활하게 처리하며 시장 안정성을 유지하는 역할도 합니다.

대한민국 내외의 투자자들에게 다양한 기업의 주식을 거래할 수 있는 플랫폼을 제공합니다. 주식 거래는 개인 투자자부터 큰 기관 투자자까지 다양한 투자자들이 참여하는 활발한 시장입니다.

선물과 옵션 거래를 지원하는 파생상품 시장도 운영하고 있습니다. 이러한 파생상품은 가격 변동에 대한 헤지나 투자를 위한 도구로 활용됩니다.

한국 금융시장을 안정적으로 운영하기 위해 국내 금융 당국의 규제와 감독을 받고 있으며, 투명하고 효율적인 시장 운영을 위해 노력하고 있습니다.

한국거래소는 국내외 투자자들에게 안전하고 효율적인 거래 환경을 제공하며, 한국의 금융 시장을 발전시키고 유지하는 데 중요한 역할을 하고 있습니다.

2) 주식에서 차트가 중요한 이유

1. 가격 추세 파악

주식 차트는 주식의 가격 움직임을 그래픽으로 보여주는 도구입니다. 주식 시장에서는 가격이 상승할 때도 있고 하락할 때도 있습니다. 이러한 가격 움직임을 차트를 통해 파악할 수 있습니다. 일반적으로 주가가 상승하는 추세를 "상승 트렌드"라 하고, 주가가 하락하는 추세를 "하락 트렌드"

라고 합니다. 이러한 추세 정보를 보면 투자자들은 향후 가격 움직임을 예측하고 투자 결정을 내릴 수 있습니다.

2. 기술적 분석

주식 차트를 통해 기술적 분석을 수행할 수 있습니다. 이는 주식 가격 그래프와 다양한 기술적 지표를 사용하여 향후 가격 움직임을 예측하는 분석 방법입니다. 기술적 분석은 지난 가격 움직임과 거래량 등을 분석하여 추세, 지지선, 저항선과 같은 중요한 포인트를 파악하고 투자 전략을 수립하는 데 도움을 줍니다.

3. 시장 심리 반영

주식 차트는 투자자들의 감정과 심리를 반영합니다. 가격이 상승하면 투자자들은 긍정적인 심리를 보이고, 가격이 하락하면 부정적인 심리가 생길 수 있습니다. 이러한 심리 반영은 주식 시장에서 가격 움직임을 설명하고 예측하는 데 중요한 정보를 제공합니다.

4. 시장 흐름 이해

주식 차트를 보면 시장의 흐름을 이해하는 데 도움이 됩니다. 주식 시장은 다양한 참여자들의 거래로 이루어지며, 차트를 통해 어떤 주식이 관심을 받고 있는지, 어떤 주식이 강세를 보이는지 등을 파악할 수 있습니다. 이를 통해 투자자는 시장 동향을 파악하고 자신의 포트폴리오를 관리할 수 있습니다.

주식 차트는 주식 시장에서 가격 움직임을 시각적으로 파악하고 분석하는 중요한 도구입니다. 이를 통해 투자자들은 가격 추세, 기술적 분석, 시장 심리, 시장 흐름 등을 이해하고 투자 결정을 내릴 수 있습니다. 따라서 주식 시장에서 차트를 활용하는 것은 투자자에게 중요한 도구 중 하나입니다.

3) 주식투자자라면 알아야 할 이동평균선

이동평균선[Moving Average]은 주식 시장 및 금융 분석에서 중요한 개념 중 하나입니다. 쉽게 이해할 수 있도록 자세히 설명해드리겠습니다.

1. 기본 개념

이동평균선은 일정 기간 동안의 주가나 다른 데이터의 평균 값을 계산한 선입니다. 주로 주식 시장에서 사용되지만, 다른 금융 자산이나 경제지표에도 적용할 수 있습니다.

2. 계산 방법

이동평균선은 특정 기간 동안의 가격(종가, 시가, 고가, 저가 등)을 모두 더한 후, 그 값을 해당 기간으로 나눠서 평균을 구합니다. 예를 들어, 10일 이동평균선을 계산하려면 최근 10일간의 가격을 더한 후, 10으로 나눠서 평균값을 얻습니다.

3. 용도

- 추세 확인 : 이동평균선은 가격 데이터의 잡음(일시적인 변동)을 제거하고 장기적인 추세를 확인하는 데 사용됩니다. 예를 들어, 주가가 이동평균선 위에 있다면 장기적으로 상승 추세에 있는 것으로 해석할 수 있고, 아래에 있다면 하락 추세에 있는 것으로 해석할 수 있습니다.

- 지지선과 저항선 : 이동평균선은 종종 주가의 지지선(가격이 아래로 떨어지지 않는 지점)이나 저항선(가격이 올라가지 않는 지점) 역할을 합니다. 주가가 이동평균선 아래로 떨어질 때 지지선을 테스트하거나, 위로 올라갈 때 저항선을 테스트할 수 있습니다.

- 신호 생성 : 이동평균선을 여러 기간으로 계산하면 단기, 중기, 장기 추세를 동시에 확인할 수 있습니다. 이를 통해 "골든크로스"와 "데드크로스" 같은 신호를 생성할 수 있으며, 이러한 신호는 매수 또는 매도 결정에 활용됩니다.

4. 종류

- 단순 이동평균Simple Moving Average, SMA : 주어진 기간 동안의 가격을 단순 평균한 값입니다.

- 지수 이동평균Exponential Moving Average, EMA : 가장 최근의 가격에 더 큰 가중치를 주고, 과거 가격에는 지수적으로 감소하는 가중치를 부여하여 민감한 반응을 보입니다.

이동평균선은 시장 분석에 유용하며, 특히 추세 추종 및 반전 전략을 개발하는 데 사용됩니다. 단, 이동평균선 하나만으로는 시장을 완전히 이해하거나 예측하기 어렵기 때문에 다른 지표와 함께 사용하는 것이 일반적입니다.

5일선

5일선은 매일 종가의 평균을 계산하여 생성되는 지표로, 다음과 같은 이유로 중요한 역할을 합니다.

1. 주가 흐름 파악

5일선은 최근 5일 동안의 주식 가격 움직임을 평균화한 것입니다. 이것은 단기적인 주가 흐름을 보여주는 지표로 사용됩니다. 만약 주가가 5일선 위에 있다면, 최근 주식 가격이 상승하고 있다는 신호일 수 있으며, 5일선 아래에 있다면 주식 가격이 하락하고 있다는 신호일 수 있습니다.

2. 단기 투자 신호

5일선은 단기적인 투자 신호를 제공합니다. 예를 들어, 주식 가격이 5일선을 상향 돌파하면, 이는 단기적인 상승 트렌드의 시작일 수 있습니다. 반대로 5일선을 하향 돌파하면, 단기적인 하락 트렌드의 시작일 수 있습니다. 이러한 단기 투자 신호는 투자자들이 단기적인 시장 동향을 파악하고 투자 전략을 조정하는 데 도움을 줍니다.

3. 지지선과 저항선 역할

5일선은 주식 가격의 지지선과 저항선 역할을 합니다. 즉, 주식 가격이 5일선 근처에서 움직이면서 이를 지지선 또는 저항선으로 활용하는 경우가 많습니다. 이는 투자자들이 주식 가격이 특정 지점을 돌파하거나 바운스할 때 어떻게 반응할지에 영향을 미칩니다.

4. 단기 투자자 관심

단기 투자자들은 종종 5일선을 주목하며 단기적인 거래 결정을 내립니다. 따라서 5일선이 주가에 미치는 영향은 상대적으로 빠르게 나타납니다. 이는 주식 시장에서 단기적인 투자를 고려하는 투자자들에게 중요한 지표입니다.

5일선은 주식 시장에서 단기적인 주가 흐름을 평가하고, 단기 투자 신호를 제공하며, 지지선과 저항선 역할을 합니다. 주식 시장에서 단기적인 변동성을 파악하고자 하는 투자자들에게는 중요한 도구 중 하나입니다.

10일선

10일선은 최근 10일 동안의 주식 가격 평균을 나타내는 지표입니다. 이것은 일반적으로 주식 차트에 그려진 선으로 나타납니다. 이 지표가 중요한 이유는 다음과 같습니다.

1. 단기 추세 확인

10일선은 주식의 단기적인 가격 추세를 파악하는 데 도움이 됩니다. 이 선이 주식 가격 위에 있다면, 최근 10일 동안의 가격 평균이 상승했음을 나타내며, 이는 단기적인 상승 추세를 시사할 수 있습니다. 반대로, 10일선이 주식 가격 아래에 있다면, 최근 10일 동안의 가격 평균이 하락했음을 나타내며, 이는 단기적인 하락 추세를 시사할 수 있습니다.

2. 지지선과 저항선 역할

10일선은 주식 가격의 지지선 또는 저항선으로 작용합니다. 즉, 주식 가격이 10일선 근처에서 움직일 때, 이 지점을 테스트하거나 반응할 가능성이 높습니다. 주가가 10일선 위에 있을 때 10일선은 지지선 역할을 하며, 주가가 10일선 아래에 있을 때 10일선은 저항선 역할을 할 수 있습니다.

3. 단기적인 매매 결정

10일선은 단기적인 매매 결정을 지원하는 데 사용됩니다. 주가가 10일선을 돌파하면, 이는 단기적인 상승 신호로 해석될 수 있으며, 10일선을 하향 돌파하면 단기적인 하락 신호로 해석될 수 있습니다. 이를 통해 단기적인 매수 또는 매도 결정을 내릴 수 있습니다.

4. 단기 투자자의 주목

10일선은 주식 시장에서 단기 투자자들의 주목을 받습니다. 이동평균선은 상대적으로 짧은 시간 동안 계산되기 때문에 단기적인 추세 변화를 빠르게 포착합니다. 따라서 단기 투자자들은 10일선을 주목하며 주가의 단기적인 움직임을 파악하려고 합니다.

10일선은 주식 시장에서 단기적인 가격 추세와 매매 신호를 파악하고, 지지선 및 저항선 역할을 합니다. 주식 투자자들은 이 지표를 활용하여 단기적인 시장 동향을 파악하고 투자 결정을 내립니다.

20일선

20일선은 최근 20일 동안의 주식 가격 평균을 나타내는 지표입니다. 이 것은 주식 차트에 그려진 선으로, 주식 가격 데이터를 일정 기간 동안 평균화한 값입니다. 이 지표가 중요한 이유는 다음과 같습니다.

1. 중기 추세 확인

20일선은 중기적인 주식 가격 추세를 확인하는 데 도움이 됩니다. 주가가 20일선 위에 있다면, 최근 20일 동안의 가격 평균이 상승했음을 나타내며, 이는 중기적인 상승 추세를 시사할 수 있습니다. 주가가 20일선 아래에 있다면, 최근 20일 동안의 가격 평균이 하락했음을 나타내며, 이는 중기적인 하락 추세를 시사할 수 있습니다.

2. 매매 신호 생성

20일선은 주식 가격의 매매 신호를 생성하는 데 사용됩니다. 주가가 20

일선을 돌파하면, 이는 중기적인 상승 신호로 해석될 수 있으며, 20일선을 하향 돌파하면 중기적인 하락 신호로 해석될 수 있습니다. 이러한 신호는 투자자들이 중기적인 투자 결정을 내릴 때 참고됩니다.

3. 저항선과 지지선 역할

20일선은 주식 가격의 저항선(가격이 올라가지 않는 지점) 또는 지지선(가격이 아래로 떨어지지 않는 지점)으로 작용합니다. 주가가 20일선 근처에서 움직일 때, 이 지점을 테스트하거나 반응할 가능성이 높습니다.

4. 중기 투자자의 주목

20일선은 중기 투자자들의 관심을 끕니다. 이 지표는 상대적으로 중기적인 시간 동안 계산되므로 중기적인 추세 변화를 파악하는 데 사용됩니다. 중기 투자자들은 20일선을 활용하여 중기적인 시장 동향을 파악하고 투자 전략을 조정하는 데 도움을 받습니다.

20일선은 중기적인 가격 추세와 매매 신호를 확인하고, 저항선 및 지지선 역할을 합니다. 주식 투자자들은 이 지표를 활용하여 중기적인 시장 동향을 파악하고 투자 결정을 내립니다.

60일선

60일선은 최근 60일 동안의 주식 가격 평균을 나타내는 지표입니다. 이것은 주식 차트에 그려진 선으로, 주식 가격 데이터를 일정 기간 동안 평균화한 값입니다. 이 지표가 중요한 이유는 다음과 같습니다.

1. 장기 추세 확인

60일선은 장기적인 주식 가격 추세를 확인하는 데 도움이 됩니다. 주가가 60일선 위에 있다면, 최근 60일 동안의 가격 평균이 상승했음을 나타내며, 이는 장기적인 상승 추세를 시사할 수 있습니다. 주가가 60일선 아래에 있다면, 최근 60일 동안의 가격 평균이 하락했음을 나타내며, 이는 장기적인 하락 추세를 시사할 수 있습니다.

2. 매매 신호 생성

60일선은 주식 가격의 매매 신호를 생성하는 데 사용됩니다. 주가가 60일선을 돌파하면, 이는 장기적인 상승 신호로 해석될 수 있으며, 60일선을 하향 돌파하면 장기적인 하락 신호로 해석될 수 있습니다. 이러한 신호는 투자자들이 장기적인 투자 결정을 내릴 때 참고됩니다.

3. 저항선과 지지선 역할

60일선은 주식 가격의 저항선(가격이 올라가지 않는 지점) 또는 지지선(가격이 아래로 떨어지지 않는 지점)으로 작용합니다. 주가가 60일선 근처에서 움직일 때, 이 지점을 테스트하거나 반응할 가능성이 높습니다.

4. 장기 투자자의 주목

60일선은 장기 투자자들의 주목을 끕니다. 이 지표는 상대적으로 장기적인 시간 동안 계산되므로 장기적인 추세 변화를 파악하는 데 사용됩니다. 장기 투자자들은 60일선을 활용하여 장기적인 시장 동향을 파악하고 투자 전략을 조정하는 데 도움을 받습니다.

60일선은 장기적인 가격 추세와 매매 신호를 확인하고, 저항선 및 지지선 역할을 합니다. 주식 투자자들은 이 지표를 활용하여 장기적인 시장 동향을 파악하고 투자 결정을 내립니다.

120일선

120일선은 최근 120일 동안의 주식 가격 평균을 나타내는 지표입니다. 이것은 주식 차트에 그려진 선으로, 주식 가격 데이터를 일정 기간 동안 평균화한 값입니다. 이 지표가 중요한 이유는 다음과 같습니다.

1. 장기 추세 확인

120일선은 매우 장기적인 주식 가격 추세를 확인하는 데 도움이 됩니다. 주가가 120일선 위에 있다면, 최근 120일 동안의 가격 평균이 상승했음을 나타내며, 이는 장기적인 상승 추세를 시사할 수 있습니다. 주가가 120일선 아래에 있다면, 최근 120일 동안의 가격 평균이 하락했음을 나타내며, 이는 장기적인 하락 추세를 시사할 수 있습니다.

2. 매매 신호 생성

120일선은 주식 가격의 매매 신호를 생성하는 데 사용됩니다. 주가가 120일선을 돌파하면, 이는 장기적인 상승 신호로 해석될 수 있으며, 120일선을 하향 돌파하면 장기적인 하락 신호로 해석될 수 있습니다. 이러한 신호는 투자자들이 장기적인 투자 결정을 내릴 때 참고됩니다.

3. 지지선과 저항선 역할

120일선은 주식 가격의 저항선(가격이 올라가지 않는 지점) 또는 지지선(가격이 아래로 떨어지지 않는 지점)으로 작용합니다. 주가가 120일선 근처에서 움직일 때, 이 지점을 테스트하거나 반응할 가능성이 높습니다.

4. 장기 투자자의 주목

120일선은 장기 투자자들의 주목을 끕니다. 이 지표는 상대적으로 매우 장기적인 시간 동안 계산되므로 장기적인 추세 변화를 파악하는 데 사용됩니다. 장기 투자자들은 120일선을 활용하여 장기적인 시장 동향을 파악하고 투자 전략을 조정하는 데 도움을 받습니다.

120일선은 매우 장기적인 가격 추세와 매매 신호를 확인하고, 저항선 및 지지선 역할을 합니다. 주식 투자자들은 이 지표를 활용하여 장기적인 시장 동향을 파악하고 투자 결정을 내립니다.

4) 주식투자는 심리 싸움이다

주식전문가들이 방송에 나와 "주식투자는 심리싸움이다"라고 말하는 경우를 가끔 보는 경우가 있습니다. 우리는 보통 주식투자를 할 때 공시와 기사, 그리고 차트를 보고 하는 경우가 대부분입니다. 왜 심리적인 요소가 중요할까요?

주식 시장에서 심리적인 요소가 매우 중요하며 주식 투자 결정에 큰 영향을 미치기 때문이라고 설명할 수 있습니다.

1. 시장 흐름의 불확실성

주식 시장은 불확실성이 높은 환경입니다. 주가는 수많은 요인에 영향을 받고 예측하기 어렵습니다. 이러한 불확실성은 투자자들의 심리에 영향을 미칩니다. 주가의 상승 또는 하락에 대한 두려움이나 욕심은 투자 결정에 영향을 미치며, 이러한 심리적 요소는 주식 시장의 흐름을 결정하는 데 중요합니다.

2. 매매 신호와 심리

투자자들은 주가 차트, 이동평균선, 기술적 분석 등 다양한 도구를 사용하여 매매 결정을 내립니다. 이러한 도구들은 주식 시장의 심리적인 측면을 반영합니다. 예를 들어, 주가가 상승할 것으로 예측되면 많은 투자자들이 매수 결정을 내릴 가능성이 높아지며, 이로써 주가가 상승하게 될 수 있습니다. 이러한 심리적인 반응은 주식 시장에서 주가의 움직임을 조장합니다.

3. 공포와 탐욕

주식 시장에서 투자자들은 때로 공포와 탐욕의 감정에 휩싸입니다. 주가 하락에 대한 공포로 인해 판매 결정을 내릴 수 있고, 주가 상승에 대한 탐욕으로 인해 매수 결정을 내릴 수 있습니다. 내가 산 주식에 믿음이 있는 경우라도 분위기에 휩쓸리면 올바른 판단을 못하는 경우가 많다. 이러한 감정은 주식 시장의 변동성을 높이고, 심리적 요소가 주식 가격에 영향을 미칩니다.

4. 허위 정보와 언론의 영향

언론과 소셜 미디어는 주식 시장에 대한 정보를 제공하며, 이 정보는 투자자들의 판단에 영향을 미칩니다. 때때로 허위 정보나 과장된 보도가 심리적인 요인으로 작용하여 주가를 크게 움직일 수 있습니다.

주식 투자는 주식 시장에서 불확실성과 감정적인 요소가 뒤섞여 있기 때문에 "심리 싸움"으로 표현됩니다. 투자자들의 감정과 판단은 주식 시장의 흐름과 가격 결정에 큰 영향을 미치며, 이러한 이유로 전문가들은 심리적인 측면을 강조하는 것입니다.

주식투자에서 손절이 중요한 이유

주식투자에서 손절이 중요한 이유를 쉽게 이해하기 위해, 다음과 같이 설명해 드리겠습니다.

1. 손절은 자산 보호 수단입니다.

주식 투자는 리스크를 동반합니다. 주가는 예측하기 어려운 변동성을 가지고 있으며, 가격이 언제든지 상승 또는 하락할 수 있습니다.

손절은 투자한 자본을 보호하는 수단으로 작용합니다. 특히 주가가 예상과 다르게 하락할 때, 손절 전략을 통해 큰 손실을 피할 수 있습니다.

2. 감정적인 결정을 줄여줍니다.

주식 시장은 감정적인 스트레스를 유발할 수 있습니다. 주가의 변동에 따라 불안정한 감정을 경험할 수 있습니다.

손절 전략을 미리 설정해 두면, 감정적인 판단으로 인한 오류를 줄일 수 있습니다. 주가가 일정 수준 이하로 하락할 때 매도 결정을 내리면, 감정에 휩싸이지 않고 논리적인 판단을 유지할 수 있습니다.

3. 새로운 기회를 찾을 수 있도록 돕습니다.

손절을 통해 손실을 최소화하면, 투자 자본을 다시 효과적으로 활용할 수 있습니다. 이렇게 해야만 새로운 투자 기회에 참여할 수 있습니다.

주식 시장에는 항상 다양한 기업과 업종이 움직이고 있으며, 효율적인 손절 전략을 통해 미래의 성공적인 투자에 참여할 기회를 확보할 수 있습니다.

4. 길게 보는 안목을 갖게 해줍니다.

장기적으로 주식 시장에서 성과를 내기 위해서는 손실을 최소화하고 수익을 꾸준히 쌓아야 합니다.

손절 전략을 따르면 장기적으로 투자 포트폴리오의 안정성을 유지하며, 길게 보는 안목을 가질 수 있습니다.

손절은 주식투자에서 중요한 이유는 자산 보호, 감정적인 결정 방지, 새로운 기회 찾기, 장기적인 안목 등 다양한 측면에서 투자자에게 이점을 제공하기 때문입니다. 손절 전략을 활용하여 투자를 더욱 효과적으로 관리할 수 있으며, 금융 목표를 달성하는 데 도움이 됩니다.

관련사례

손절이 중요한 이유를 이해하기 위해 몇 가지 실제 사례를 살펴보겠습니다. 이러한 사례에서는 손절을 하지 않았을 때 어떤 결과가 발생했는지를 보여줍니다.

1. 사례 : "매달렸던 주식"

투자자 A는 특정 회사의 주식을 보유하고 있었습니다. 이 주식은 초기에 상승하던 중이었지만, 어느 순간 가격이 하락하기 시작했습니다.

A는 이 주식에 "매달리게" 되었고, "지금 잠깐 내려가는 건 괜찮아. 회사에 호재가 이렇게 많은데. 며칠만 버티면 돼." 이런 마음으로 매도를 미루었습니다.

결과적으로, 주식 가격은 계속 하락하였고 A는 큰 손실을 입게 되었습니다.

2. 사례 : "감정에 휩싸인 투자"

투자자 B는 특정 회사의 주식을 보유하고 있었습니다. 이 기업은 어느 날 부적절한 뉴스와 정보로 주가가 급락했습니다.

B는 자신의 감정에 휩싸여 주식을 팔지 않고 보유하였으며, "가격이 다시 올라갈 것"이라고 생각했습니다.

그러나 가격은 계속 하락하였고, B는 큰 손실을 입게 되었습니다.

3. 사례 : "손절을 통한 재투자"

투자자 C는 특정 회사의 주식을 보유하고 있었는데, 이 주식의 가격이 갑자기 하락하기 시작했습니다.

C는 빠른 판단으로 손절을 하였고, 그 후 다른 기업의 주식에 투자하였습니다.

그 결과, C는 이후에 투자한 주식으로 수익을 창출하게 되었으며, 초기 손실을 회복했습니다.

이러한 사례들을 통해 보면, 손절은 주식 시장에서 중요한 결정입니다. 손절을 통해 큰 손실을 피하고, 자산을 보호하며, 새로운 기회에 투자할 수 있는 자금을 확보할 수 있었습니다. 또한 손절은 감정에 휩싸이지 않고 논리적인 판단을 내릴 수 있도록 도와줍니다. 따라서 효과적인 손절 전략은 주식투자에서 성공적인 요소 중 하나입니다.

5) 주식 투자시 꼭 알아야할 지표

주식 투자를 할 때 알아야 하는 중요한 지표들을 쉽게 이해할 수 있도록 설명해보겠습니다. 이러한 지표들은 투자 결정에 도움을 주며, 주식 시장을 더 잘 이해하고 평가할 수 있도록 도와줍니다.

1. 주가

주식의 가격은 기본적으로 회사의 가치와 시장에서의 수요와 공급에 의해 결정됩니다. 주가는 주식 시장에서의 회사의 현재 가치를 반영하므로 가장 기본적인 지표 중 하나입니다.

2. 주가 수익비율

주가 수익 비율$^{Price-to-Earnings\ Ratio,\ PER}$은 주식 시장에서 흔히 사용되는 재무 지표 중 하나로, 기업의 주가와 주당 이익 사이의 관계를 나타내는 지표입니다. PER은 투자자들에게 해당 기업의 주가가 주당 이익에 비해 얼마나 고평가되었는지 또는 저평가되었는지를 판단하는 데 도움을 줍니다. 일반적으로 PER이 낮을수록 기업의 주가가 저평가된 것으로 간주되며, 높을수록 고평가된 것으로 판단됩니다.

PER을 계산하는 방법은 간단합니다. 주가^{P}를 주당 이익$^{EPS,\ Earnings\ Per\ Share}$으로 나누면 됩니다.

PER = 주가 / 주당순이익

3. 배당수익률

배당수익률은 회사가 주주들에게 배당금을 얼마나 지급하는지를 나타내는 지표입니다. 높은 배당수익률은 투자에 대한 현금 흐름을 제공하므로 인기가 있습니다.

4. 시가총액

시가총액은 회사의 총 시장 가치를 나타냅니다. 시가총액이 큰 회사는 주식 시장에서 높은 가중치를 가지며, 시장 지수에 미치는 영향이 큽니다.

5. 주식의 업종 및 섹터

주식을 평가할 때 해당 기업이 속한 업종과 섹터를 고려해야 합니다. 어떤 업종이나 섹터가 현재 경제 환경에서 성장하고 있는지를 파악하는 것이 중요합니다.

6. 기업 재무제표

기업의 재무 상태를 이해하기 위해 손익계산서, 자산 대 부채 비율, 현금 흐름 등의 재무제표를 확인해야 합니다. 이를 통해 기업의 경영 능력과 안정성을 판단할 수 있습니다.

7. 기업의 경영진 및 전략

기업의 경영진, 경영 전략, 혁신 능력 등을 평가하는 것이 중요합니다. 경영진의 능력과 기업의 비전은 주식의 장기적인 성과에 영향을 미칠 수 있습니다.

8. 경제 지표

경제 지표는 주식 시장의 건강 상태를 파악하는 데 도움을 줍니다. 예를 들어 GDP 성장률, 실업률, 인플레이션 등은 주식 시장에 영향을 미치는 요인입니다.

9. 기술적 분석 지표

이동평균선, 상대강도 지수^{RSI}, 볼린저 밴드 등과 같은 기술적 분석 지표는 주가 패턴과 추세를 분석하는 데 사용됩니다.

10. 투자 목표 및 리스크 허용도

자신의 투자 목표와 리스크 허용도에 따라 적절한 주식을 선택해야 합니다. 투자 목표에 따라 장기 투자, 단기 투자, 수익 추구 등 다양한 전략이 있습니다.

이러한 주식 투자에 관련된 지표와 요소들을 이해하고 분석하는 것은 투자 결정을 더 현명하게 내릴 수 있도록 도와줍니다. 특히 자신의 투자 목표와 리스크 허용도에 맞는 주식을 선택하는 것이 중요합니다.

지지와 저항

주식투자에서 "지지"와 "저항"은 기술적 분석(Technical Analysis)의 중요한 개념 중 하나로, 주식 가격의 흐름을 예측하고 분석하는 데 사용됩니다. 이 두 개념을 쉽게 이해하기 위해 다음과 같이 설명해 드리겠습니다.

1. 지지(Support)

- 지지는 주식 가격이 하락하는 추세에서 일시적으로 하락세가 멈추거나 반전할 수 있는 가격 수준을 가리킵니다.
- 지지선은 주식 가격이 아래로 떨어질 때, 그 가격 수준에서 주식 시장 참가자들이 많은 매수 주문을 넣어 가격이 일시적으로 상승하거나 안정화되는 지점입니다.
- 지지선은 주식 가격이 하락하는 동안 투자자들이 주식을 더 이상 팔고 싶어 하지 않는 수준을 나타냅니다. 따라서 이 지점에서는 주식 가격이 더 이상 하락하지 않고 반등할 가능성이 높아집니다.

2. 저항(Resistance)

- 저항은 주식 가격이 상승하는 추세에서 일시적으로 상승세가 멈추거나 반전할 수 있는 가격 수준을 가리킵니다.
- 저항선은 주식 가격이 위로 상승할 때, 그 가격 수준에서 매도 주문이 많이 나와 가격이 일시적으로 하락하거나 안정화되는 지점입니다.

· 저항선은 주식 가격이 상승하는 동안 투자자들이 이 가격 수준에서 주식
  을 더 이상 사고 싶어 하지 않는 수준을 나타냅니다. 따라서 이 지점에서
  는 주식 가격이 더 이상 상승하지 않고 반락할 가능성이 높아집니다.

지지와 저항은 주식 시장에서 투자자들이 주식 가격의 향방을 예측하고
투자 결정을 내리는 데 도움을 주는 중요한 기술적 분석 도구입니다. 이 두
개념을 이해하면 주식 시장에서의 트렌드와 주가 움직임을 더 잘 이해하
고, 적절한 매매 결정을 내릴 수 있을 것입니다.

거래량

주식투자 시 거래량이 중요한 이유를 쉽게 이해하기 위해 다음과 같이 설명해 드리겠습니다.

1. 시장 참가자의 활동을 반영합니다

거래량은 특정 주식에 대한 시장 참가자들의 활동 수준을 나타냅니다. 주식시장에서는 매수자와 매도자가 거래량을 통해 서로의 관심과 신뢰를 표현합니다.

높은 거래량은 주식에 대한 큰 관심과 활발한 거래가 있음을 나타내며, 이는 시장의 견고함을 시사할 수 있습니다.

2. 가격 움직임에 영향을 줍니다

거래량은 주식 가격 움직임에 직접적인 영향을 미칩니다. 일반적으로 주식 가격은 거래량과 함께 상승하거나 하락합니다.

예를 들어, 주식 가격이 상승하고 거래량도 증가한다면, 이는 많은 투자자들이 해당 주식을 매수하고 있다는 신호로 해석될 수 있습니다.

3. 유망한 투자 기회를 찾게 돕습니다

거래량은 투자자에게 유망한 투자 기회를 식별하는 데 도움을 줍니다. 높은 거래량을 보이는 주식은 투자자들 사이에서 관심이 높다는 것을 의미할 수 있으며, 이로 인해 정보와 분석 자료가 더 많이 확보될 수 있습니다.

4. 가격 변동성을 예측할 수 있습니다

거래량은 주식 가격의 변동성을 예측하는 데 도움을 줍니다. 거래량이 급증하면 주식 가격의 큰 움직임이 예상될 수 있으며, 투자자들은 이러한 움직임을 활용해 수익을 창출할 수 있습니다.

5. 투자자의 의사 결정에 영향을 미칩니다

거래량은 투자자들의 의사 결정에도 영향을 미칩니다. 다수의 투자자가 주식을 매수하거나 매도할 때 거래량이 증가하므로, 투자자들은 거래량을 고려하여 자신의 투자 결정을 내립니다.

거래량은 주식시장에서 주식의 활발한 거래 활동을 나타내며, 시장의 상태와 주식 가격 움직임을 이해하는 데 중요한 지표입니다.

6) 무상증자와 유상증자는 호재일까요

무상증자"와 "유상증자"는 기업이 자금을 조달하는 방법 중 두 가지 주요한 방법입니다. 이 두 방법은 기업의 재무 상태와 주주에게 어떻게 영향을 미치는지에 따라 호재일 수도 있고 악재일 수도 있습니다.

무상증자

무상증자^{Bonus Issue}란 기업이 새로운 주식을 발행하면서 주주들에게 무료로 주식을 배분하는 것을 의미합니다. 주주들은 자신들의 보유 주식 수가 증가하게 되므로 보유 주식의 비율은 높아지지만, 현금 흐름에 변화는 없습니다.

주로 기업이 성장하고 자금 필요가 있을 때 채택합니다.

관련사례

A 주식회사라는 회사가 있고, 현재 이 회사의 주주 중 하나로 "경제"라는 사람이 있습니다. 현재 ABC 주식회사가 시장에서 발행한 주식은 1,000주입니다. 경제는 현재 이 회사의 주식을 100주 보유하고 있습니다.

그런데 A 주식회사는 무상증자를 결정합니다. 이 무상증자의 세부 내용은 다음과 같습니다.

1. 무상증자 비율 : ABC 주식회사는 1주당 1주를 추가로 무료로 주주들에게 배분하기로 결정했습니다.

2. 무상증자 이후 주식 수 : 따라서 현재 1,000주였던 주식 수에 1,000

주가 추가로 무료로 나눠져서, 무상증자 이후에는 총 주식 수가 2,000주로 늘어납니다.

3. 경제의 상황 : 경제는 현재 100주를 보유하고 있으므로 무상증자 이후에는 경제의 주식 보유량은 200주로 두 배로 늘어납니다.

4. 무상증자 비용 : 주주들은 이 무상증자를 위해 별도로 돈을 내지 않습니다. 무상증자는 주식을 보유하고 있는 주주에게 무료로 주식을 나눠주는 것이기 때문입니다.

무상증자를 통해 주주들은 무료로 더 많은 주식을 얻게 되며, 이를 통해 자신들의 주식 포트폴리오를 확장할 수 있습니다. 그러나 주식 시장에서는 무상증자 발표 이후에 주식 가격이 일시적으로 하락할 수 있는데, 이는 무상증자로 인해 주식 수가 늘어나면서 시장에서 주식 가격이 조정되기 때문입니다.

무상증자는 기업이 주주들에게 주식을 추가로 나눠주는 과정으로, 주주들은 이를 통해 무료로 주식을 늘릴 수 있지만, 주식 시장에서는 가격 조정이 있을 수 있습니다.

유상증자

유상증자 capital increase with consideration란 기업이 주주들에게 새로운 주식을 발행하면서 현금 또는 일정 가격으로 주식을 구매하도록 요청하는 것을 의미합니다.

주주들은 이 증자에 참여하려면 추가로 자금을 투자해야 합니다.

기업은 이를 통해 자금을 조달하고, 주주들은 새로운 주식을 보유하게 됩니다.

관련사례

B 주식회사라는 회사가 있고, 이 회사는 현재 1,000주의 주식을 시장에 발행해 두었습니다. 이 회사가 유상증자를 결정하게 되었고, 그 내용은 다음과 같습니다.

1. 유상증자 비율 : B 주식회사는 현재 주주들에게 1주당 1,000원의 가격으로 새로운 주식을 판매하기로 결정했습니다.

2. 유상증자 이후 주식 수 : 따라서 B 주식회사는 새로운 주식을 1,000주 판매하게 되면, 유상증자 이후에는 총 주식 수가 2,000주로 늘어납니다.

3. 주주의 상황 : 현재 주주들은 유상증자를 통해 추가 주식을 얻기 위해 1,000원을 지불해야 합니다. 주주들은 이를 통해 추가 주식을 구매할 수 있습니다.

4. 유상증자 비용 : 주주들이 새로운 주식을 구매하기 위해서는 돈을 내야 합니다. 이 돈은 기업의 자금 조달로 사용됩니다.

유상증자를 통해 기업은 자금을 얻게 되고, 주주들은 새로운 주식을 구매하여 주식 포트폴리오를 확장할 수 있습니다. 주주들은 현금을 투자해야 하므로 이를 고려해야 합니다.

유상증자는 기업이 미래 프로젝트를 재정적으로 지원하고 성장을 이루기 위해 자금을 조달하는 방법 중 하나입니다. 그러나 주주들은 추가 투자를 고려해야 하며, 이는 주식 시장에서 주가에 영향을 줄 수 있습니다.

유상증자는 주식을 추가로 판매하여 자금을 조달하고, 주주들은 이를 통해 추가 주식을 구매하게 되며, 이는 기업과 주주들 간의 재무 거래입니다.

< 무상증자와 유상증자 >

증자 유형	무상증자	유상증자
정의	회사가 보유하고 있는 이익잉여금 등을 자본으로 전환하여 기존 주주들에게 무료로 주식을 배정하는 방법입니다.	회사가 새로운 주식을 발행하여 그 대가로 현금 등 자산을 받아 자기자본을 증가시키는 방법입니다.
목적	주식의 가격이 너무 높아 거래가 활발하지 않은 경우, 주식 가격을 조정하기 위한 목적으로 사용됩니다.	회사의 사업 확장, 부채 상환, 운영 자금 마련 등 금전적인 자금 조달이 필요할 때 사용됩니다.
재무상태 변화	재무구조에 큰 변화를 가져오지 않습니다. 기업의 이익잉여금과 자본금만 변경되며 현금 흐름에는 영향 없습니다.	현금 흐름과 재무구조에 변화를 가져옵니다. 실제 금전적인 수입이 발생하며, 이익잉여금 및 부채 비율도 바뀔 수 있습니다.
경제적 효과	기존 주주들의 소유 지분은 변동하지 않으나, 주당 이익(EPS)은 감소합니다.	신규 주주가 추가되므로 기존 주주들의 소유 지분은 상대적으로 줄어듭니다. 그러나 현금 입수로 인한 경제적 효과가 있습니다.

무상증자가 호재인 이유

1. 주식 유동성 증대 : 무상증자를 통해 발행된 신규 주식은 기존 주주들에게 배분되므로, 시장에서 거래되는 주식의 수량이 증가합니다. 이로 인해 개별 주식의 가격이 낮아지고, 그 결과 많은 투자자들이 구입할 수 있게 되어 유동성이 증대됩니다.

2. 재무상태 개선 : 기업이 무상증자를 통해 새로운 주식을 발행하고 주주들에게 무료로 나눠준다면, 이를 통해 기업은 자금을 조달할 수 있습니다. 이 자금은 새로운 프로젝트 개발, 부채 상환, 운영자금 확보 등에 사용될 수 있습니다. 부채를 줄이면 이자 비용이 감소하고, 기업의 재무 상태가 강화됩니다.

3. 기업 이미지 개선 : 일반적으로 무상증자는 기업의 성장 가능성과 안정적인 경영 상태를 시장에 알리는 신호로 해석됩니다. 따라서, 이런 신호를 받은 투자자들은 해당 회사에 대한 긍정적인 인식을 갖게 되며, 이는 장기적으로 회사의 시가총액 증가로 이어질 수 있습니다.

4. 기존 주주 보호 : 무상증자는 기존 주주들에게만 신규 발행된 주식을 배분하므로, 기존 지분 소유 비율이 유지됩니다. 따라서, 현재 지분 소유 비율에 따른 권리(예: 의결권)를 보호할 수 있습니다.

그러나 반드시 명심해야 할 것은 무상증자 후에도 회사의 자산 규모나 영업실적 등 핵심 경영 지표는 변하지 않으며, 단지 순수하게 발행된 총체권수와 그 가격만 변화한다는 점입니다.

유상증자가 호재인 경우

1. 자금 확보와 투자 기회 확장 : 유상증자는 기업이 추가 자금을 조달하는 방법 중 하나입니다. 이 자금은 새로운 사업 개발, 기존 사업 확장, 연구 및 개발 프로젝트 등 다양한 투자 기회를 확장하는 데 사용될 수 있습니다. 이는 기업의 성장을 지원하고 장기적인 경쟁력을 강화하는 데 도움이 됩니다.

2. 부채 관리 : 유상증자를 통해 기업은 부채를 늘리지 않고 자금을 확보할 수 있습니다. 이는 이자 비용을 줄이고 기업의 재무 구조를 강화하는 데 도움이 됩니다.

3. 투자자 신뢰와 신용 증가 : 유상증자를 통해 기업은 자금을 조달하고 미래 성장에 대한 투자 의지를 보여줍니다. 이는 투자자와 신용 평가 기관에게 긍정적인 신호를 보내고 기업의 신용 등급을 향상시킬 수 있습니다.

4. 주주 가치 유지 : 유상증자를 통해 주식 수가 증가하면서, 주주들의 보유 주식 비율이 상대적으로 변하지 않습니다. 주주들은 새로운 주식을 구매하거나 추가 투자를 할 수 있으며, 주주 가치를 유지하는 데 도움이 됩니다.

5. 성장 계획 실행 : 기업이 성장 계획을 실행하기 위해 자금을 필요로 할 때, 유상증자는 이러한 계획을 구체화하고 실현하는 데 중요한 역할을 합니다. 이를 통해 기업은 새로운 시장을 공략하거나 혁신적인 제품을 개발하는 등의 성장 기회를 활용할 수 있습니다.

유상증자가 호재인 경우에는 기업이 자금을 확보하고 투자 기회를 확장하며, 부채 관리와 신용 증가를 지원합니다. 또한 주주 가치를 유지하고 성장 계획을 실행하는 데 도움이 됩니다. 그러나 유상증자가 항상 호재인 것은 아니며, 기업의 상황과 목표에 따라 결과가 달라질 수 있습니다.

7) 최적의 매도 타이밍

주식투자에서 최적의 매도 타이밍을 결정하는 것은 어려운 일이며, 완벽한 타이밍을 예측하는 것은 거의 불가능합니다. 그러나 몇 가지 원칙을 따르면 매도 결정을 더 나은 방향으로 내릴 수 있습니다.

1. 투자 목표 달성

주식을 사기 전에 명확한 투자 목표를 설정하세요. 목표가 달성되면 매도하는 것이 좋습니다. 예를 들어, 특정 주식을 투자한 이유가 주가가 일정 금액까지 상승하는 것이었다면, 그 목표 금액에 도달하면 이익을 실현하는 것이 좋습니다.

2. 손실 제한

투자한 주식이 손실을 보면서 계속 하락할 때, 어느 정도의 손실까지 감수할 수 있는지 미리 계획해두세요. 손실 제한을 정하고 그를 넘어설 때 매도 결정을 내립니다. 이를 통해 큰 손실을 방지할 수 있습니다.

3. 기업 분석

기업의 재무 상태, 경영 전략, 성장 가능성 등을 평가하고, 이 정보를 통해 주식의 가치를 신중하게 판단하세요. 만약 기업의 기본적인 요소가 나빠지면 매도하는 것이 합리적일 수 있습니다.

4. 시장 분석

전반적인 시장 상황을 파악하세요. 시장이 과열되거나 급락할 가능성이 있다면 이를 고려하여 매도 결정을 내립니다.

5. 이익 실현

주식 투자의 목표 중 하나는 이익을 실현하는 것입니다. 주가가 상승하여 예상 수익을 얻었을 때, 이익을 실현하고 일부 또는 전부를 매도할 수 있습니다.

6. 다변화

투자 포트폴리오를 다양화하여, 어떤 주식에서 손실을 보더라도 다른 투자로 인한 이익으로 보완할 수 있습니다. 다양한 자산 클래스에 투자하고 분산하여 리스크를 줄입니다.

7. 시간을 고려

투자 목표와 투자 기간을 고려하세요. 장기 투자자와 단기 투자자의 매도 타이밍은 다를 수 있습니다.

매매 결정은 개인의 금융 목표와 리스크 허용도에 따라 다릅니다. 따라서 개인의 상황과 투자 목표에 따라서 매도 시점을 결정하는 것이 중요합니다. 주식시장은 변동성이 높기 때문에 신중하게 투자하여야 합니다.

8) 주식투자 잘하는 사람들의 공통점

기본에 충실하고 내가 투자하는 회사를 분석하고 항상 분산투자를 생활화하며 투자한 회사에 대한 확신을 가지고 있어야 합니다.

주식을 잘하는 사람들의 공통점은 다음과 같습니다.

- 주식 투자의 기본을 이해하고 있다. 주식 투자의 기본은 주식의 종류, 주가의 흐름, 투자 방법 등입니다. 주식 투자의 기본을 이해하고 있으면 주식 투자에 대한 자신감을 가질 수 있고, 보다 현명한 투자를 할 수 있습니다.

- 투자 목표를 명확히 하고 있다. 주식 투자를 하는 이유는 다양합니다. 투자 목표가 명확하지 않으면 투자 방향이 흐트러지고, 투자 실패로 이어질 수 있습니다. 따라서 주식 투자를 시작하기 전에 투자 목표를 명확히 하고, 그에 맞는 투자 전략을 세워야 합니다.

- 장기 투자를 하고 있다. 주식 시장은 변동성이 크고, 단기적으로는 아무리 좋은 주식이라도 주가가 하락할 수 있습니다. 따라서 주식 투자는 장기적으로 하는 것이 좋습니다. 장기 투자를 하면 주가 변동에 따른 손실을 최소화할 수 있고, 투자 수익을 극대화할 수 있습니다.

- 분산 투자를 하고 있다. 주식 투자는 분산 투자를 하는 것이 좋습니다. 한 종목에만 투자하면 주가가 하락하면 큰 손실을 볼 수 있습니다. 따라서 여러 종목에 분산 투자를 하면 주가 하락에 따른 손실을

최소화할 수 있습니다.

- 투자 정보에 대한 과도한 집착을 피하고 있다. 주식 투자를 하다 보면 다양한 투자 정보에 접하게 됩니다. 하지만 투자 정보에 대한 과도한 집착은 오히려 투자 실패로 이어질 수 있습니다. 따라서 투자 정보에 대한 과도한 집착을 피하고, 투자에 필요한 정보만을 수집하는 것이 좋습니다.

- 자신의 투자 성향을 파악하고 있다. 주식 투자는 위험을 동반하는 투자입니다. 따라서 자신의 투자 성향을 파악하고, 그에 맞는 투자 전략을 세워야 합니다. 자신의 투자 성향에 맞지 않는 투자를 하면 투자 실패로 이어질 수 있습니다.

- 투자에 대한 확신을 가지고 있다. 주식 투자는 확신을 가지고 하는 것이 좋습니다. 투자에 대한 확신이 없으면 투자 실패로 이어질 수 있습니다. 따라서 주식 투자를 시작하기 전에 투자에 대한 확신을 가지고 있어야 합니다.

주식 투자는 위험을 동반하는 투자입니다. 따라서 주식 투자를 할 때는 반드시 충분한 공부를 하고, 투자에 대한 확신을 가지고 있어야 합니다.

9) 주식투자에 실패하는 사람들의 심리

주식투자에 실패하는 사람들의 심리는 다양하지만, 다음과 같은 심리가 공통적으로 나타납니다.

주식에 대한 환상

주식투자에 성공하면 큰돈을 벌 수 있다는 환상을 가지고 투자에 뛰어드는 경우가 많습니다. 하지만 주식 투자는 위험이 따르는 투자입니다. 아무리 좋은 주식이라도 주가가 하락할 수 있습니다. 따라서 주식 투자를 할 때는 환상을 버리고 현실을 직시해야 합니다.

욕심

주식투자에서 가장 중요한 것은 절제입니다. 하지만 많은 투자자들이 욕심 때문에 실패합니다. 주식이 오르면 더 오를 것이라는 욕심에 계속 투자하다가 결국 손실을 보게 되는 것입니다. 따라서 주식투자를 할 때는 욕심을 버리고 절제력을 가져야 합니다.

근거 없는 자신감

주식투자에 성공하려면 기본적인 지식과 분석 능력이 필요합니다. 하지만 많은 투자자들이 근거 없는 자신감으로 주식투자를 하다가 실패합니다. 주식 투자는 누구나 성공할 수 있는 것이 아닙니다. 따라서 주식투자를 할 때는 자신의 능력을 객관적으로 평가하고, 투자에 임해야 합니다.

무분별한 투자

주식투자를 할 때는 반드시 투자 계획을 세워야 합니다. 하지만 많은 투자자들이 무분별하게 투자하다가 실패합니다. 투자 계획 없이 투자를 하면 어떤 주식을 언제 사야 할지, 언제 팔아야 할지 알 수 없습니다. 따라서 주식투자를 할 때는 반드시 투자 계획을 세워야 합니다.

급변하는 주식 시장

주식 시장은 급변하는 시장입니다. 따라서 주식투자를 할 때는 시장의 변화에 민감하게 반응해야 합니다. 하지만 많은 투자자들이 시장의 변화에 대응하지 못하고 결국 손실을 보게 됩니다. 따라서 주식투자를 할 때는 시장의 변화에 민감하게 반응하고, 그에 맞춰 투자 전략을 수정해야 합니다.

부동산

1) 왜 부동산 투자를 해야 할까요

부동산 투자는 여러 다른 자산과 함께 포트폴리오를 다변화시키는 중요한 방법 중 하나입니다. 주식 시장과 채권 시장과는 다르게 부동산 시장은 일반적으로 자주 큰 폭의 변동이 없고, 가치가 오래 지속되는 경향이 있습니다. 부동산 투자는 여러 가지 이유로 매력적인 투자 수단입니다.

수익성

부동산 투자는 다른 투자 수단에 비해 상대적으로 높은 수익률을 기대할 수 있습니다. 특히, 한국의 부동산 시장은 전반적으로 안정적인 성장세를 보이고 있어, 장기적으로 부동산 투자를 통해 안정적인 수익을 올릴 수 있습니다.

안정성

부동산은 다른 투자 수단에 비해 상대적으로 안정적인 투자 수단입니다. 부동산은 물리적인 자산이기 때문에 가치가 쉽게 하락하지 않습니다. 또한, 부동산은 임대수익을 통해 안정적인 현금흐름을 창출할 수 있습니다.

대출 용이성

부동산은 다른 투자 수단에 비해 대출을 받기가 쉽습니다. 부동산은 담보력이 높기 때문에 은행에서 비교적 높은 금리로 대출을 받을 수 있습니다.

세제 혜택

부동산 투자는 다른 투자 수단에 비해 세제 혜택을 많이 받을 수 있습니다. 부동산은 양도소득세, 취득세, 재산세 등 다양한 세제 혜택을 받을 수 있습니다.

물론, 부동산 투자는 모든 투자 수단과 마찬가지로 위험이 존재합니다. 부동산 가격은 변동성이 크고, 부동산 투자를 통해 손실을 볼 수도 있습니다. 따라서 부동산 투자를 할 때는 반드시 자신의 투자 성향과 투자 목표를 고려하여 신중하게 결정해야 합니다.

한국의 부동산 시장은 전반적으로 안정적인 성장세를 보이고 있습니다. 또한, 정부의 부동산 정책에 따라 부동산 가격이 상승할 가능성도 있습니

다. 따라서 한국에서 부동산 투자를 하는 것은 매력적인 투자 수단이 될
수 있습니다.

다만, 부동산 투자는 모든 투자 수단과 마찬가지로 위험이 존재합니다.
부동산 가격은 변동성이 크고, 부동산 투자를 통해 손실을 볼 수도 있습
니다. 따라서 부동산 투자를 할 때는 반드시 자신의 투자 성향과 투자 목
표를 고려하여 신중하게 결정해야 합니다.

2) 청약통장은 꼭 필요한가요

청약통장은 꼭 필요한 것은 아닙니다. 하지만 청약통장이 있으면 무주
택자로서 주택을 분양받을 때 유리한 혜택을 받을 수 있습니다.

청약통장은 주택청약종합저축, 청약저축, 청약예금 중 하나를 선택하
여 가입할 수 있습니다. 청약통장은 주택을 분양받을 때 청약 가점제에서
가점을 받을 수 있습니다. 청약 가점제는 청약자의 나이, 무주택 기간, 청
약통장 가입 기간 등을 고려하여 가점을 부여하고, 가점이 높은 순서대로
주택을 분양합니다. 따라서 청약통장을 오래 가입하고, 무주택 기간이 길
면 청약 가점이 높아져서 주택을 분양받을 가능성이 높아집니다.

청약통장은 주택을 분양받을 때 청약 예치금으로 사용할 수도 있습니
다.

청약통장은 주택을 분양받을 때 유리한 혜택을 받을 수 있지만, 청약통
장은 주택을 분양받을 때만 혜택을 받을 수 있습니다. 청약통장은 주택을
분양받지 못하면 해약할 때 원금과 이자를 받을 수 있지만, 이자가 낮기
때문에 다른 투자 상품에 비해 수익률이 낮습니다. 따라서 청약통장은 주

택을 분양받을 계획이 있는 경우에 가입하는 것이 좋습니다.

청약통장은 꼭 필요한 것은 아니지만, 주택을 분양받을 계획이 있는 경우에는 가입하는 것이 유리합니다. 청약통장을 가입하면 주택을 분양받을 때 유리한 혜택을 받을 수 있기 때문입니다.

3) 부동산의 종류

부동산은 크게 토지와 건물로 나눌 수 있습니다. 토지는 지표면을 포함한 지층과 그 위에 있는 모든 것을 의미합니다. 건물은 토지에 지어진 건축물과 그 부속물입니다.

토지는 다시 농지, 임야, 대지, 잡종지 등으로 구분할 수 있습니다. 농지는 농작물을 재배하기 위해 사용되는 토지입니다. 임야는 나무를 심고 가꾸기 위해 사용되는 토지입니다. 대지는 주거, 상업, 공업 등의 용도로 사용되는 토지입니다. 잡종지는 농지, 임야, 대지 이외의 토지입니다.

건물은 주거용 건물, 상업용 건물, 공업용 건물 등으로 구분할 수 있습니다. 주거용 건물은 사람들이 거주하기 위해 사용되는 건물입니다. 상업용 건물은 상업 활동을 위해 사용되는 건물입니다. 공업용 건물은 공업 활동을 위해 사용되는 건물입니다.

주거용 건물은 다시 아파트, 빌라, 단독주택 등으로 구분할 수 있습니다. 아파트는 여러 가구가 한 건물에 모여서 사는 공동주택입니다. 빌라는 여러 가구가 한 건물에 모여서 사는 공동주택이지만, 아파트에 비해 규모가 작습니다. 단독주택은 한 가구가 한 건물에 사는 주택입니다.

상업용 건물은 다시 오피스 빌딩, 상가, 공장 등으로 구분할 수 있습니다. 오피스 빌딩은 사무실로 사용되는 건물입니다. 상가는 판매점, 음식점, 카페 등 상업 활동을 위해 사용되는 건물입니다. 공장은 공업 활동을 위해 사용되는 건물입니다.

공업용 건물은 다시 공장, 창고, 발전소 등으로 구분할 수 있습니다. 공장은 공업 활동을 위해 사용되는 건물입니다. 창고는 물품을 보관하기 위해 사용되는 건물입니다. 발전소는 전기를 생산하기 위해 사용되는 건물입니다.

부동산은 투자 수단으로 활용될 수 있습니다. 부동산 투자는 다른 투자 수단에 비해 상대적으로 높은 수익률을 기대할 수 있습니다. 또한, 부동산은 물리적인 자산이기 때문에 가치가 쉽게 하락하지 않습니다.

부동산 투자를 할 때는 반드시 자신의 투자 성향과 투자 목표를 고려해야 합니다. 또한, 부동산 시장의 흐름을 잘 파악하고 투자해야 합니다.

한국의 부동산 시장은 전반적으로 안정적인 성장세를 보이고 있습니다. 또한, 정부의 부동산 정책에 따라 부동산 가격이 상승할 가능성도 있습니다. 따라서 한국에서 부동산 투자를 하는 것은 매력적인 투자 수단이 될 수 있습니다.

다만, 부동산 투자는 모든 투자 수단과 마찬가지로 위험이 존재합니다. 부동산 가격은 변동성이 크고, 부동산 투자를 통해 손실을 볼 수도 있습니다. 따라서 부동산 투자를 할 때는 반드시 자신의 투자 성향과 투자 목표를 고려하여 신중하게 결정해야 합니다.

4) 저평가 부동산 vs 고평가 부동산

부동산 가격은 여러 가지 요인에 의해 결정됩니다. 가장 중요한 요인은 수요와 공급입니다. 수요가 많고 공급이 적으면 부동산 가격이 상승합니다. 반대로 수요가 적고 공급이 많으면 부동산 가격이 하락합니다.

부동산의 가치는 부동산의 위치, 크기, 상태, 편의 시설 등 여러 가지 요인에 의해 결정됩니다. 부동산의 위치가 좋고, 크기가 크고, 상태가 양호하고, 편의 시설이 많으면 부동산 가치가 높습니다. 반대로 부동산의 위치가 좋지 않고, 크기가 작고, 상태가 좋지 않고, 편의 시설이 적으면 부동산 가치가 낮습니다.

부동산 가격은 시장에서 결정됩니다. 시장에서 부동산 가격은 수요와 공급에 의해 결정됩니다. 수요가 많고 공급이 적으면 부동산 가격이 상승합니다. 반대로 수요가 적고 공급이 많으면 부동산 가격이 하락합니다.

한국의 부동산 가격은 전반적으로 상승세를 보이고 있습니다. 하지만, 최근에는 부동산 가격이 하락하고 있습니다. 이는 수요가 감소하고 공급이 증가했기 때문입니다.

저평가된 부동산은 부동산 가격이 시장 가격보다 낮은 부동산입니다. 고평가된 부동산은 부동산 가격이 시장 가격보다 높은 부동산입니다.

저평가된 부동산은 투자 가치가 높습니다. 저평가된 부동산은 시장 가격보다 낮은 가격에 구매할 수 있기 때문에 투자 수익률이 높습니다. 반면, 고평가된 부동산은 투자 가치가 낮습니다. 고평가된 부동산은 시장 가격보다 높은 가격에 구매해야 하기 때문에 투자 수익률이 낮습니다.

부동산 투자는 위험이 있습니다. 부동산 가격은 변동성이 크기 때문에 부동산 투자로 손실을 볼 수도 있습니다. 따라서 부동산 투자를 할 때는 신중해야 합니다.

부동산 투자를 할 때는 다음과 같은 사항을 고려해야 합니다.

부동산의 위치

부동산의 크기

부동산의 상태

부동산의 편의 시설

부동산의 수요와 공급

부동산의 시장 가격

부동산 투자는 위험이 있습니다. 따라서 부동산 투자를 할 때는 신중해야 합니다.

부동산의 위치

부동산의 위치에 따라 가격이 틀리는 이유는 여러 가지가 있습니다. 가장 중요한 이유는 수요와 공급입니다. 수요가 많은 지역은 가격이 비싸고, 수요가 적은 지역은 가격이 저렴합니다.

또한, 부동산의 위치는 교통, 편의 시설, 교육 시설, 자연환경 등과 관련이 있습니다. 교통이 편리하고, 편의 시설과 교육 시설이 잘 갖추어져 있으며, 자연환경이 좋은 지역은 가격이 비싸고, 반대로 교통이 불편하고, 편의 시설과 교육 시설이 부족하며, 자연환경이 좋지 않은 지역은 가격이 저렴합니다.

또한, 부동산의 위치는 부동산의 가치와도 관련이 있습니다. 부동산의 가치는 부동산의 위치, 크기, 상태, 편의 시설 등 여러 가지 요인에 의해 결정됩니다. 부동산의 위치가 좋고, 크기가 크고, 상태가 양호하고, 편의 시설이 많으면 부동산 가치가 높고, 반대로 부동산의 위치가 좋지 않고, 크기가 작고, 상태가 좋지 않고, 편의 시설이 적으면 부동산 가치가 낮습니다.

따라서, 부동산의 위치에 따라 가격이 틀리는 것은 수요와 공급, 교통, 편의 시설, 교육 시설, 자연환경, 부동산의 가치 등 여러 가지 요인에 의해 결정됩니다.

부동산의 수요와 공급

부동산의 수요와 공급이 부동산 가격에 영향을 줍니다. 수요가 많고 공급이 적으면 부동산 가격이 상승합니다. 반대로 수요가 적고 공급이 많으면 부동산 가격이 하락합니다.

부동산의 수요는 여러 가지 요인에 의해 결정됩니다. 가장 중요한 요인은 경제 상황입니다. 경제가 호황일 때는 부동산 수요가 증가합니다. 반대로 경제가 침체일 때는 부동산 수요가 감소합니다.

부동산의 수요는 인구 구조에도 영향을 받습니다. 인구가 증가하면 부동산 수요가 증가합니다. 반대로 인구가 감소하면 부동산 수요가 감소합니다.

부동산의 공급은 여러 가지 요인에 의해 결정됩니다. 가장 중요한 요인은 주택 건설량입니다. 주택 건설량이 증가하면 부동산 공급이 증가합니다. 반대로 주택 건설량이 감소하면 부동산 공급이 감소합니다.

부동산의 공급은 토지 공급량에도 영향을 받습니다. 토지 공급량이 증가하면 부동산 공급이 증가합니다. 반대로 토지 공급량이 감소하면 부동산 공급이 감소합니다.

따라서, 부동산의 수요와 공급이 부동산 가격에 영향을 줍니다. 수요가 많고 공급이 적으면 부동산 가격이 상승합니다. 반대로 수요가 적고 공급이 많으면 부동산 가격이 하락합니다.

경제용어 50

01 경제학

경제학은 사람과 사회가 무한한 욕구와 필요를 충족시키기 위해 제한된 자원을 어떻게 할당하는지 연구하는 사회과학입니다. 여기에는 자원이 부족한 상황에서 개인, 기업 및 정부의 생산, 유통, 소비 및 행동에 대한 분석이 포함됩니다.

02 공급과 수요

이 기본적인 경제 개념은 제품이나 서비스의 가용성(공급)과 해당 제품이나 서비스에 대한 욕구 또는 필요성(수요) 간의 관계를 나타냅니다. 시장경제에서 가격은 수요와 공급의 상호작용에 의해 결정되는 경우가 많습니다.

03 국내총생산^{GDP}

GDP는 특정 기간 동안 한 국가의 총 경제 생산량을 측정한 것입니다. 이는 소비, 투자, 정부 지출, 순 수출(수출에서 수입을 뺀 값)을 포함하여 한 국가의 국경 내에서 생산된 모든 상품과 서비스의 시장 가치를 나타냅니다.

04 인플레이션

인플레이션은 시간이 지남에 따라 경제에서 상품과 서비스의 일반적인 가격 수준이 점진적으로 증가하는 것입니다. 이는 돈의 구매력을 약화시킵니다. 즉, 가격이 상승하면 같은 양의 돈으로 더 적은 양의 상품과 서비스를 살 수 있다는 의미입니다.

05 실업률

실업률은 현재 실업 상태이고 적극적으로 구직 중인 노동력(일할 의향과 능력이 있는 사람)의 비율을 측정합니다. 이는 국가의 경제 건전성을 나타내는 주요 지표입니다.

06 통화 정책

물가 안정, 완전고용 등 경제적 목표를 달성하기 위해 국가의 중앙은행이 화폐 공급과 이자율을 통제하기 위해 취하는 조치를 말합니다. 도구에는 금리 변경 및 공개 시장 운영이 포함됩니다.

07 재정 정책

재정 정책에는 경제에 영향을 미치기 위한 세금 및 지출에 대한 정부 결정이 포함됩니다. 예를 들어, 정부는 경기 침체기 동안 성장을 촉진하기 위해 세금을 삭감하고 지출을 늘릴 수 있습니다.

08 시장 경제

시장 경제는 시장에서 구매자와 판매자의 상호 작용을 통해 대부분의 자원이 할당되는 경제 시스템입니다. 가격은 수요와 공급에 의해 결정되며 경쟁이 주요 특징입니다.

09 명령 경제

시장 경제와 달리 명령 경제는 정부나 중앙 당국이 무엇을 생산할지, 어떻게 생산할지, 누구를 위해 생산할지 결정하는 경제입니다. 이 시스템은 종종 사회주의나 공산주의와 연관됩니다.

10 기회비용

기회비용은 선택이 이루어질 때 포기해야 하는 차선책의 가치입니다. 이는 자원이 제한되어 있다는 생각을 반영하며, 하나의 옵션을 선택하면 다른 옵션을 포기한다는 의미입니다.

11 무역 적자 및 흑자

무역 적자는 한 국가의 수입(다른 국가에서 구입한 상품 및 서비스)이 수출(다른 국가에 판매한 상품 및 서비스)을 초과할 때 발생합니다. 무역흑자는 수출이 수입을 초과하는 반대 현상이다.

12 독점

독점은 단일 회사나 단체가 특정 제품이나 서비스의 공급을 지배하는 시장 구조입니다. 이러한 경쟁 부족은 가격 상승과 소비자 선택권 감소로 이어질 수 있습니다.

13 시장 실패

시장 실패는 자유 시장이 사회 복지를 극대화하기 위해 자원을 효율적으로 배분하지 못할 때 발생합니다. 일반적인 이유에는 외부 효과(의도하지 않은 부작용)와 공공재가 포함됩니다.

14 탄력성

탄력성은 상품의 수요 또는 공급량이 가격이나 소득의 변화에 얼마나 민감한지를 측정합니다. 이는 가격 변화에 따른 소비자와 생산자의 행동을 이해하는 데 도움이 됩니다.

15 외환율

한 통화를 다른 통화로 교환할 수 있는 환율입니다. 환율은 국제 무역과 투자에 큰 영향을 미칠 수 있습니다.

16 과세

과세는 정부가 공공 서비스와 프로그램에 자금을 지원하기 위해 개인과 기업으로부터 수익을 모으는 과정입니다. 세금은 소득, 소비, 재산, 다양한 경제 거래에 부과될 수 있습니다.

17 시가총액

시가총액(시가총액)은 회사가 발행한 주식의 총 가치입니다. 이는 주식의 현재 시장 가격에 총 발행 주식 수를 곱하여 계산됩니다.

18 디플레이션
디플레이션은 상품과 서비스의 일반적인 가격 수준이 감소하여 화폐 구매력이 증가하는 현상입니다. 유리해 보일 수도 있지만 디플레이션이 장기화되면 경제적으로 부정적인 영향을 미칠 수 있습니다.

19 증권거래소
증권거래소는 주식 및 기타 유가증권을 사고 파는 시장입니다. 대표적인 사례로는 뉴욕증권거래소[NYSE]와 나스닥이 있습니다.

20 배당금
배당금은 기업이 주주들에게 일반적으로 이익을 통해 지급하는 지급금입니다. 주주들이 회사 수익의 일부를 받는 방식입니다.

21 화폐공급
화폐공급이란 실물화폐, 은행예금, 기타 유동자산을 포함하여 경제 내에서 유통되는 화폐의 총량을 의미한다.

22 과점
과점은 소수의 대기업이 제품이나 서비스 공급을 지배하는 것이 특징인 시장 구조입니다. 이들 기업은 종종 시장 가격과 경쟁에 상당한 영향력을 행사합니다.

23 규모의 경제
규모의 경제는 대기업이 규모로 인해 누리는 비용 우위를 의미합니다. 생산량이 증가함에 따라 단위당 평균 비용은 감소하는 경향이 있습니다.

24 자유방임

자유방임은 경제 문제에 대한 최소한의 정부 개입을 옹호하는 경제 철학입니다. 이는 자유 시장과 제한된 정부 규제를 강조합니다.

25 무역 장벽

무역 장벽은 국제 무역을 제한하는 모든 정책이나 관행입니다. 예로는 관세, 할당량, 무역 제재 등이 있습니다.

26 총수요

총수요는 경제에서 상품과 서비스에 대한 총 수요를 나타냅니다. 이는 경제 내 모든 제품과 서비스에 대한 개인 수요의 합계입니다.

27 총공급

총공급은 경제에서 이용 가능한 재화와 서비스의 총 공급입니다. 이는 생산자가 다양한 가격 수준에서 공급할 의사와 능력이 있는 재화와 서비스의 양을 나타냅니다.

28 경제 정책

경제 정책은 정부와 중앙 은행이 경제 성과에 영향을 미치기 위해 취하는 전략과 조치를 의미합니다. 이러한 정책에는 통화 정책, 재정 정책, 무역 정책 등이 포함될 수 있습니다.

29 보이지 않는 손

경제학자 아담 스미스가 도입한 보이지 않는 손 개념은 자유 시장 경제에서 개인의 이익을 추구하는 개인이 의도치 않게 사회 전체의 복지를 증진한다는 의미입니다. 이는 시장이 자원을 효율적으로 배분하는 경향이 있다는 생각을 반영합니다.

30 국제수지

국제수지는 특정 기간 동안 한 국가의 거주자와 나머지 세계 거주자 사이의 모든 경제 거래에 대한 체계적인 기록입니다. 경상계정, 자본계정, 금융계정으로 구성됩니다.

31 크라우딩 아웃 효과

크라우딩 아웃 효과$^{Crowding Out Effect}$는 정부 지출 증가가 이자율 상승과 차입능력 감소로 인해 민간 부문 투자 감소로 이어질 때 발생합니다. 이는 정부 부양책의 전반적인 영향을 제한할 수 있습니다.

32 경제지표

경제지표는 경제 성과를 평가하는 데 사용되는 통계 데이터입니다. 예로는 실업률, 소비자물가지수^{CPI}, 국내총생산^{GDP} 등이 있습니다.

33 완전 경쟁

완전 경쟁은 많은 소규모 기업이 동일한 제품을 생산하고 단일 기업이 상당한 시장 지배력을 갖지 못하는 이론적 시장 구조입니다. 가격은 오로지 수요와 공급에 의해서만 결정됩니다.

34 비용 편익 분석

비용 편익 분석은 결정이나 프로젝트의 잠재적 편익과 비용을 평가하는 데 사용되는 체계적인 접근 방식입니다. 이는 의사결정자가 비용보다 이익이 더 큰지 평가하는 데 도움이 됩니다.

35 수요 곡선

수요 곡선은 상품이나 서비스의 가격과 소비자가 요구하는 수량 간의 관계를 그래픽으로 표현한 것입니다. 일반적으로 아래쪽으로 기울어져 가격이 하락하면 수요가 증가한다는 것을 나타냅니다.

36 효용

경제학에서 효용은 개인이 상품과 서비스를 소비함으로써 얻는 만족이나 즐거움을 의미합니다. 이는 웰빙의 주관적인 척도이며 소비자의 의사결정에 중요한 역할을 합니다.

37 상품화폐

상품화폐는 금이나 은과 같은 가치 있는 상품으로 만들어졌기 때문에 내재적 가치를 지닌 화폐의 일종입니다. 역사적으로 교환의 수단으로 사용되어 왔습니다.

38 화폐 승수

화폐 승수는 중앙은행이 처음으로 새로운 화폐를 투입함으로써 발생하는 화폐 공급의 총 증가를 추정하는 데 사용되는 공식입니다. 이는 부분지급준비금 은행 시스템을 기반으로 합니다.

39 경제 성장률

경제 성장률은 특정 기간 동안 경제의 상품 및 서비스 생산량 증가율을 측정합니다. 이는 전반적인 경제의 확장을 반영합니다.

40 보호주의

보호주의는 관세, 할당량, 무역 장벽과 같은 방법을 통해 국내 산업을 외국 경쟁으로부터 보호하려는 경제 정책입니다. 지역 일자리와 산업을 보호하는 것을 목표로 합니다.

41 양적 완화

양적 완화QE는 통화 공급을 늘리고 금리를 낮추기 위해 중앙 은행이 금융자산(일반적으로 국채)을 구매하여 경제를 활성화하는 데 사용하는 통화 정책 도구입니다.

42 비탄력적 수요

비탄력적 수요는 가격 변화가 상품이나 서비스의 수요량에 상대적으로 작은 영향을 미치는 상황을 말합니다. 의약품과 같은 필수품은 종종 비탄력적인 수요를 나타냅니다.

43 비교 우위

비교 우위는 국가, 개인 또는 회사가 다른 국가보다 낮은 기회 비용으로 재화나 서비스를 생산할 수 있는 능력을 설명하는 경제 원리입니다. 국가는 가장 효율적으로 생산할 수 있는 제품을 전문적으로 생산하므로 이는 국제 무역의 기초를 형성합니다.

44 유동성 함정

명목 이자율이 0에 가까울 때 유동성 함정이 발생하며, 사람들은 자산에 투자하거나 돈을 쓰는 것보다 현금을 보유하는 것을 선호합니다. 추가 금리 인하로 인해 지출이 자극되지 않기 때문에 통화 정책 효과가 제한될 수 있습니다.

45 재정 적자

재정 적자는 정부의 총 지출과 총 수입(세금 및 기타 소득)의 차이입니다. 지출이 수입을 초과하면 재정적자가 발생한다. 정부는 적자를 충당하기 위해 차입할 수 있습니다.

46 기본통화

통화기본은 국가의 실물화폐(유통현금)와 중앙은행이 보유하고 있는 지급준비금의 총액을 의미합니다. 이는 통화 공급의 핵심 구성 요소이며 경제 활동에 영향을 미칩니다.

47 감가상각

감가상각은 마모나 시장 상황의 변화로 인해 시간이 지남에 따라 물리적 자산이나 통화의 가치가 감소하는 것을 의미합니다. 통화 시장에서 감가 상각은 다른 통화에 비해 한 통화의 가치가 감소하는 것을 의미합니다.

48 공공재

공공재는 배제 불가능하고(사람들이 사용에서 제외될 수 없음) 비경합성(한 사람이 사용하더라도 다른 사람의 가용성이 감소하지 않음)인 재화 또는 서비스입니다. 예로는 국방, 깨끗한 공기 등이 있습니다.

49 재정 정책 도구

재정 정책 도구는 정부가 재정 정책을 시행하기 위해 사용하는 도구입니다. 여기에는 과세(세율 또는 정책 변경), 정부 지출(특정 지역에 자금 할당), 이전 지불(개인 또는 그룹에 대한 직접 지불)이 포함됩니다.

50 무역수지

무역수지는 한 국가의 수출 가치(다른 국가에 판매된 상품 및 서비스)와 수입 가치(다른 국가에서 구매한 상품 및 서비스)의 차이를 나타냅니다. 플러스수지는 무역흑자이고, 마이너스수지는 무역적자이다.

금융용어 50

01 자산 배분

자산 배분은 투자 포트폴리오를 주식, 채권, 현금 등 다양한 자산 클래스로 나누는 전략입니다. 이는 개인의 재무 목표와 위험 허용 범위를 기반으로 위험과 수익 간의 균형을 달성하도록 설계되었습니다.

02 복리

복리란 원금 금액과 이전 기간의 누적 이자를 모두 합산하여 계산한 이자를 말합니다. 이를 통해 시간이 지남에 따라 투자가 빠른 속도로 증가할 수 있습니다.

03 다각화

다각화는 위험을 줄이기 위해 다양한 자산과 자산 클래스에 투자를 분산시키는 관행입니다. 이는 단일 투자에서 성과 저하로 인한 영향을 최소화하는 것을 목표로 합니다.

04 신용 점수

신용 점수는 개인의 신용도를 수치로 나타낸 것입니다. 대출 기관은 이를 사용하여 개인에게 돈을 빌려줄 위험을 평가합니다. 지불 내역, 신용 활용, 신용 내역 기간과 같은 요소가 점수에 영향을 미칩니다.

05 책임

책임은 개인이나 조직이 다른 당사자에게 지고 있는 의무 또는 부채입니다. 공통부채에는 대출금, 모기지, 미지급금이 포함됩니다.

06 자본 이득

자본 이득은 주식, 부동산, 투자 등 자산 매각을 통해 얻은 이익입니다. 단기(1년 미만 보유) 또는 장기(1년 이상 보유)일 수 있으며 서로 다른 세율이 적용될 수 있습니다.

07 예산

예산은 특정 기간 동안 개인 또는 조직의 예상 수입과 지출을 개략적으로 설명하는 재정 계획입니다. 재정 관리, 지출 추적, 재정 목표 달성에 도움이 됩니다.

08 배당수익률

배당수익률은 투자로 발생한 배당수익을 측정한 것으로, 일반적으로 투자 시장 가치의 백분율로 표시됩니다. 이는 일반적으로 투자자들이 배당금 지급 주식의 매력을 평가하는 데 사용됩니다.

09 순자산

순자산은 개인의 총 자산(현금, 투자, 재산 및 기타 귀중품 포함)과 총 부채(부채 및 의무)의 차이입니다. 특정 시점의 개인의 재무 상태를 나타냅니다.

10 채권

채권은 정부, 지방자치단체, 기업이 자본 조달을 위해 발행하는 채무 담보입니다. 채권을 구매하면 정기적인 이자를 지급하고 만기 시 채권 액면가를 반환하는 대가로 본질적으로 발행자에게 돈을 빌려주는 것입니다.

11 자본시장

자본시장은 주식, 채권 등 장기증권을 사고파는 금융시장이다. 이는 투자자로부터 기업 및 정부로 자금을 전달하는 데 중요한 역할을 합니다.

12 재무설계사

재무설계사는 개인과 가족이 종합적인 재정 계획을 수립하고 실행하도록 돕는 전문가입니다. 그들은 투자, 은퇴 계획, 부동산 계획 등 개인 금융의 다양한 측면에 대한 조언을 제공합니다.

13 헤지 펀드

헤지 펀드는 공인 투자자로부터 자금을 모으고 레버리지 및 파생 상품을 포함한 다양한 전략을 사용하여 투자자에게 수익을 창출하는 투자 펀드입니다. 헤지펀드는 일반적으로 전통적인 투자에 비해 더 큰 유연성과 더 높은 위험을 가지고 있습니다.

14 이자율

이자율은 돈을 빌리는 데 드는 비용 또는 돈을 빌려주는 데 드는 투자 수익입니다. 백분율로 표시되며 대출, 담보, 예금 등 각종 금융거래에서 중요한 요소입니다.

15 모기지

모기지는 부동산(일반적으로 주택) 구입에 필요한 자금을 조달하는 데 사용되는 대출입니다. 차용인(주택 구입자)은 대출금에 일정 기간 동안 이자를 더해 상환하는 데 동의하고 해당 부동산은 담보로 제공됩니다.

16 뮤추얼 펀드

뮤추얼 펀드는 주식, 채권 또는 기타 증권으로 구성된 다양한 포트폴리오를 구매하기 위해 여러 투자자로부터 돈을 모으는 투자 수단입니다. 이는 투자자에게 전문적인 포트폴리오 관리 및 다양화에 접근할 수 있는 편리한 방법을 제공합니다.

17 위험 허용

위험 허용은 투자 가치의 변동을 견딜 수 있는 개인 또는 투자자의 의지와 능력입니다. 적절한 투자전략을 결정하는 중요한 요소입니다.

18 상장지수펀드[ETF]

ETF는 주식, 채권, 상품 등 기초 자산의 소유권을 나타내는 주식이 포함된 투자 펀드이자 상장지수 상품입니다. ETF는 증권 거래소에서 거래되어 투자자에게 다양성과 유동성을 제공합니다. 뮤추얼 펀드와 주식의 특징을 결합한 것입니다.

19 유동성

유동성은 가격에 큰 영향을 주지 않고 자산을 현금으로 쉽게 전환할 수 있는 정도를 의미합니다. 현금 및 우량주와 같이 유동성이 높은 자산은 빠르게 사고 팔 수 있는 반면, 유동성이 낮은 자산은 파는 데 더 많은 시간과 노력이 필요할 수 있습니다.

20 포트폴리오 다각화

포트폴리오 다각화는 다양한 자산 클래스, 산업 및 지역에 걸쳐 투자를 분산시키는 위험 관리 전략입니다. 목표는 모든 투자를 한 바구니에 담지 않음으로써 손실 위험을 줄이는 것입니다.

21 순자산가치^{NAV}

NAV는 투자 펀드의 자산에서 부채를 뺀 가치를 발행주식수로 나눈 값입니다. 뮤추얼 펀드, ETF, 폐쇄형 펀드의 주당 가치를 계산하는 데 사용됩니다.

22 스톡 옵션

스톡 옵션은 개인에게 특정 기간 내에 미리 결정된 가격(행사 가격)으로 특정 수의 회사 주식을 사고 팔 수 있는 권리를 부여하지만 의무는 부여하지 않습니다. 이는 직원 보상 및 투기 거래에 자주 사용됩니다.

23 강세장

강세장은 장기간에 걸쳐 자산 가격이 상승하는 것이 특징인 금융 시장입니다. 이는 일반적으로 낙관주의, 투자자 신뢰, 강력한 경제 상황과 관련이 있습니다.

24 베어마켓

베어마켓은 장기간에 걸쳐 자산 가격이 하락하는 것을 특징으로 하는 금융 시장입니다. 이는 종종 비관론, 경제적 불확실성, 투자자 신뢰 부족을 반영합니다.

25 배당 재투자 계획^{DRIP}

DRIP을 통해 주주는 현금 배당금을 동일한 회사 주식의 추가 주식에 자동으로 재투자할 수 있습니다. 시간이 지남에 따라 수익을 복합적으로 늘리는 전략입니다.

26 초기 공모^{IPO}

IPO는 회사 주식을 대중에게 처음으로 판매하는 것입니다. 이를 통해 비상장 회사는 외부 투자자에게 주식을 발행하고 공개적으로 거래됨으로써 자본을 조달할 수 있습니다.

27 자본 이득세

자본 이득세는 주식이나 부동산과 같은 자산을 판매하여 얻은 이익에 대한 세금입니다. 세율은 보유 기간, 투자자의 소득 수준 등 다양한 요인에 따라 달라집니다.

28 시가총액

시가총액은 상장 회사가 발행한 주식의 총 가치입니다. 현재 주당 시가에 발행 주식수를 곱하여 계산합니다. 시가총액은 기업을 대형주, 중형주, 소형주로 분류하는 데 사용되며 투자자에게 중요한 지표입니다.

29 위험 조정 수익률

위험 조정 수익률은 해당 수익을 달성하기 위해 감수한 위험 수준과 관련하여 투자 수익률을 측정합니다. 인기 있는 위험 조정 수익률 지표에는 샤프 비율과 Treynor 비율이 포함되어 있어 투자자가 위험을 고려하면서 투자 성과를 평가하는 데 도움이 됩니다.

30 레버리지

레버리지는 투자에 대한 잠재적 수익을 높이기 위해 빌린 돈을 사용하는 것을 의미합니다. 레버리지는 이익을 증폭시킬 수 있지만 상당한 손실의 위험도 증가시킵니다. 이는 다른 금융 활동 중에서도 부동산 및 거래에 일반적으로 사용됩니다.

31 수익률 곡선

수익률 곡선은 다양한 만기의 국채에 대한 이자율을 그래픽으로 표현한 것입니다. 이는 일반적으로 위쪽으로 기울어지며 이는 장기 채권이 단기 채권보다 수익률이 더 높다는 것을 나타냅니다. 단기 금리가 장기 금리보다 높은 반전된 수익률 곡선은 종종 경기 침체를 예측하는 지표로 간주됩니다.

32 증권거래위원회^{SEC}

SEC는 주식 및 채권 시장을 포함한 증권 산업을 감독하고 규제하는 미국의 규제 기관입니다. 그 임무는 투자자를 보호하고, 공정하고 효율적인 시장을 유지하며, 자본 형성을 촉진하는 것입니다.

33 운용자산^{Asset under management, AUM}

AUM은 금융 기관, 포트폴리오 관리자 또는 투자 회사가 관리하는 자산(주식, 채권 및 기타 투자 등)의 총 시장 가치를 의미합니다. 이는 투자 회사의 규모와 규모를 나타내는 주요 지표입니다.

34 다우존스산업평균지수Dow Jones industrial average, DJIA

다우라고 불리는 DJIA는 미국의 30개 대형 상장 기업의 성과를 추적하는 주식 시장 지수입니다. 이는 가장 널리 사용되는 주식 시장 지수 중 하나이며 미국 주식 시장의 건전성을 나타내는 지표로 사용됩니다.

35 부동산 투자 신탁Real Investment Trust, REIT

REIT는 수익을 창출하는 부동산을 소유, 운영 또는 자금 조달하는 회사입니다. REIT는 투자자에게 부동산을 직접 소유하거나 관리하지 않고도 부동산 자산에 투자할 수 있는 방법을 제공합니다. 그들은 과세 소득의 최소 90%를 배당금 형태로 주주들에게 분배해야 합니다.

36 자산 배분 펀드

자산 배분 펀드는 주식, 채권, 현금 등 다양한 자산 클래스에 자동으로 투자를 분산시키는 일종의 뮤추얼 펀드 또는 ETF입니다. 이 펀드는 투자자에게 다양성과 균형 잡힌 위험-수익 프로필을 제공하도록 설계되었습니다.

37 파생상품

파생상품은 기초 자산, 지수 또는 증권의 성과에서 가치가 파생되는 금융 계약입니다. 파생상품의 일반적인 유형에는 선물 계약, 옵션 및 스왑이 포함됩니다. 파생상품은 위험 관리, 투기, 헤징에 사용됩니다.

38 P/E 비율(주가수익률)

P/E 비율은 회사의 주가를 주당순이익^{EPS}과 비교하는 평가 지표입니다. 주가를 EPS로 나누어 계산합니다. 높은 P/E 비율은 투자자들이 더 높은 미래 성장을 기대한다는 것을 의미할 수 있으며, 낮은 P/E는 잠재적인 저평가를 의미할 수 있습니다.

39 유동성 비율

유동성 비율은 유동 자산을 사용하여 단기 재정적 의무를 충족할 수 있는 회사의 능력을 측정합니다. 일반적인 유동성 비율에는 유동비율(유동 자산을 유동부채로 나눈 값)과 당좌비율(유동비율과 유사하지만 재고를 제외함)이 포함됩니다.

40 다각화된 포트폴리오

다양화된 포트폴리오는 다양한 자산 클래스, 산업 및 지역에 걸쳐 투자를 분산시키는 투자 전략입니다. 목표는 단일 투자 또는 자산 클래스에 지나치게 의존하지 않음으로써 위험을 줄이는 것입니다.

41 자본시장선^{CML}

CML은 무위험 자산과 위험 자산 포트폴리오를 포함하는 포트폴리오의 기대 수익과 위험 간의 관계를 그래픽으로 표현한 것입니다. 이는 투자자가 원하는 위험-수익 균형을 달성하기 위해 이 두 구성 요소 간의 최적 할당을 결정하는 데 도움이 됩니다.

42 헤징

헤징은 금융 시장의 불리한 가격 변동으로 인한 잠재적 손실을 줄이거나 완화하는 데 사용되는 위험 관리 전략입니다. 이는 종종 불리한 시장 움직임으로부터 보호하기 위해 상쇄 포지션을 취하거나 옵션과 같은 금융 상품을 사용하는 것을 포함합니다.

43 우량주

우량주는 신뢰할 수 있는 성과를 이룬 역사를 지닌, 탄탄하고 재정적으로 안정적인 대규모 회사의 주식입니다. 이는 종종 안전하고 보수적인 투자로 간주되며 일반적으로 주요 주식 시장 지수의 일부입니다.

44 시장가 주문

시장가 주문은 현재 시장 가격으로 증권을 구매하거나 판매하는 주문 유형입니다. 시장가 주문은 신속하게 실행되지만 주문이 실행되는 정확한 가격은 특히 변동성이 큰 시장에서 다를 수 있습니다.

45 고정 수입 증권

고정 수입 증권은 원금이 상환되는 만기까지 투자자에게 고정 이자 또는 표면 금리를 지급하는 채무 상품입니다. 일반적인 예로는 국채, 회사채, 지방채 등이 있습니다.

46 변동성

변동성은 시간이 지남에 따라 주식이나 시장 지수와 같은 금융 상품 가격의 변동 정도를 측정합니다. 높은 변동성은 상당한 가격 변동을 의미하고, 낮은 변동성은 보다 안정적인 가격을 의미합니다.

47 주당 순이익^{EPS}

주당 순이익^{EPS}은 보통주 발행 주당 할당된 회사 이익의 일부를 나타내는 재무 지표입니다. 회사의 순이익을 발행주식수로 나누어 계산합니다. EPS는 회사 수익성의 주요 지표이며 투자자가 회사의 재무 건전성과 성장 잠재력을 평가하는 데 자주 사용됩니다.

48 연평균 복합 성장률^{CAGR}

연평균 복합 성장률은 투자가 시간이 지남에 따라 복합적으로 이루어졌다는 가정 하에 특정 기간 동안 투자의 연간 성장률을 측정한 것입니다. 이는 복리를 고려하기 때문에 단순한 평균 수익률보다 투자 성과를 더 정확하게 표현합니다.

49 위험 관리

위험 관리는 자산을 보호하고 특정 목표를 달성하기 위해 위험을 식별, 평가 및 완화하는 체계적인 프로세스입니다. 금융에서는 시장 변동성, 예상치 못한 사건 또는 불리한 상황으로 인한 잠재적인 재정적 손실을 최소화하기 위해 위험 관리 전략이 사용됩니다. 여기에는 다각화, 헤징, 보험과 같은 조치가 포함됩니다.

50 투자 수익률^{ROI}

ROI은 투자 수익성을 평가하는 데 사용되는 재무 지표입니다. 투자로 인한 순이익이나 이익을 초기 투자 비용으로 나누어 백분율로 표시합니다. ROI는 투자자가 다양한 투자 기회의 효율성과 잠재적 수익을 평가하는 데 도움이 됩니다.

남보다 먼저 시작하는 경제공부
돈의 흐름을 포착하라

초판 1쇄 인쇄 2023년 10월 25일
초판 1쇄 발행 2023년 10월 30일

지은이 백미르
펴낸이 백광석
펴낸곳 다온길

출판등록 2018년 10월 23일 제2018-000064호
전자우편 baik73@gmail.com

ISBN 979-11-6508-535-3 (13320)